大夏书系·教育讲演录

教师专业成长

——刘良华教育讲演录

JIAOSHI ZHUANYE CHENGZHANG

刘良华/著

华东师范大学出版社
ECNUP EAST CHINA NORMAL UNIVERSITY PRESS

目 录

CONTENTS

老师们不太敢去变动课本，去改变教材。一个好老师，必须越过这道坎儿。无论什么课本，拿到手里之后，必须改变。

我们要让学生学会不断地说，他慢慢就学会说话了。这就是我们做老师的使命，除了有课堂教学，一定还要有大量的相关资源，要有补充，要让学生自己去阅读。

基本的说法是：做老师的人需要面对的第一件

事情是，你要考虑如何做正确的事情，你要保证你教的知识是对的，是有意义的。

第二讲：教师应具备哪些教学智慧？

我不在乎你的诗主题简单，有时候，最漂亮的诗主题也很简单，像一只猫、一朵花、一场雨。

没有哪一个游戏是让游戏者绝望的……第一，学习就是"打游戏"；第二，学习就是"认地图"；第三，学习就是"学走路"。

他不知道路该怎么走，他看到的只是布鞋不停地晃动，简单地左右左右地交替换脚。但一旦没有了布鞋在前面带路，便觉得一切陌生：家在哪里，路怎么走，什么都不知道。

第三讲：教师应具备哪些管理智慧？

总有一天，这个儿子要把他的父亲揍一顿，他的父亲才知道："哎哟，算了，再不放权不行了。"

一个好的学科老师，表面上没有当班主任，实际上他是"看不见"的班主任。

第四讲：教师应具备哪些人格魅力？

第五讲：怎样通过行动研究促进教师专业成长？

后记

导言："最受学生欢迎的十种老师"

    各位老师，我们现在开始今天的专题讨论。整个主题是教师成长，相关的资料可以到我的博客里面下载。如果你想找相关的资料，请记住下面这个网址：http: //xushi. cersp. com。我的博客叫作"教育叙事研究"。我希望通过我和我的团队，还有我们的老师们，我们共同努力，开创一个案例教学或者说是叙事教学的教师培训新模式。我们做的事情就是不断积累案例，积累教育事件和相关的教育故事，用这种方式来解释教育道理，我们把它叫作"教育叙事研究"。

    这个专题的基本结构是这样的：首先我们有一个导

言——"最受学生欢迎的十种老师"。什么样的老师受学生欢迎？这是导言要作的解释。导言之后，接下来我们将讨论两个大的部分。

第一个部分：一个好的老师，他应该具备什么样的素质？我们也可以把它叫作专业素质、专业智慧。然后，我们还会讨论一个好的老师应该具备什么样的"人格魅力"。"专业素养"与"人格魅力"构成了我们所期待的一个好的老师的基本形象。这是第一个部分我们要讨论的问题。

第二个部分：我们将讨论如何成为一个受学生欢迎的老师，也就是讨论一个好的老师的专业发展的基本途径。第一个途径涉及的是教师学习；第二个是教师行动，或者叫作"做中学"；第三个是教师发表。

我们如何成为一个好的老师呢？第一，要学习。在座诸位到这里来，就是一种学习。第二，学习之后你要能够引起行动的改变，我们把它叫作行动研究，简称"教师行动"。行动是最重要的。我们学了那么多，你不在课堂里面引起改变，你和你的学生交往不发生一些改善，那么，学了那么多，也基本没有用处。也许老师们看了很多书，据我们了解，总有一些老师，很喜欢看书，但是越看越笨，他们的课堂并不受学生欢迎。但是，从总体上看，看书的老师比不看书的老师状态要好一点，比较受学生欢迎，他们讲的课比较丰富。为什么呢？因为这种学习可能会引起我们行动的改变。

我们要讨论的最后一个问题叫"教师博客"，或者说是"教师发表"。如果你不把你做的事情发表出来，你的

行动研究、你在课堂里面的改变就可能坚持不长，你就不会长久地改变你的课堂。发表就是这么重要。我们推荐教师博客这个发表的平台。一些老师想要发表的时候，老是找不到地方，现在这个地方看起来还不错。

下面我们进入导言部分的讨论，即"最受学生欢迎的十种老师"。这篇文章是我从网上下载的，老师们在网上可以看到这篇文章。我下载后作了一些基本的改变，按照我们的方式作了调整。

什么样的老师是最受学生欢迎的老师？

第一句话——"像父亲一样严而有度"。要像父亲一样严厉。当然我们的母亲也可以严厉。但是，总体上，按人类学的基本模式来说：父亲比较严厉，母亲比较可爱，一般如此。父亲的长相，一般是一张长脸；母亲的长相，一般是一张圆脸，看上去比较慈爱的样子。当然这只是个基本的模式而已。

法国电影《放牛班的春天》

我推荐的电影是法国电影《放牛班的春天》。老师们可以找这部电影来看一看。

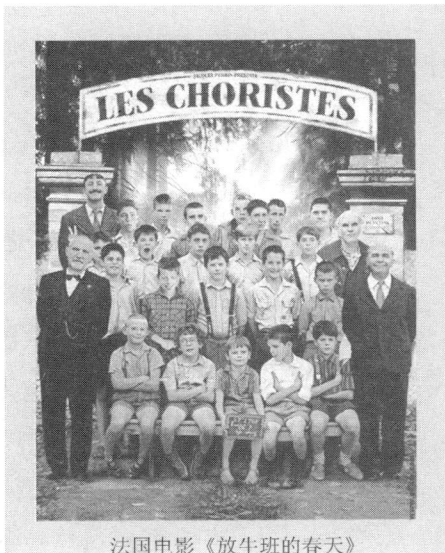

电影里面有两个人，其实有很多人，但是我建议老师们关注两个人。第一个是手背在后面，脖子歪着看人，双目露出凶光的。你一看这个人的样子，你就会感觉：他想做一个好老师，大概也不太可能。做老师的人有一个基本的精神气质。精神气质是重要的，有时候做老师的人，姓名也要讲究。

有些人看姓名，就不适合当老师。比如有人叫张二狗，这样的人在乡村可以做村长，但做乡村教师就不合格。你看另外那个老师，他的样子也不像老师，像一个家庭妇男，在家里炒炒菜、做做饭、拖个地板还可以，但是，这个老师在这部电影里面，他受学生欢迎。为什么呢？以貌取人，也会犯错误。你别看这个老师的样子不怎么样，但他善良，严而有度。前面那个老师严而无度，所以学生就拒绝他。这是《放牛班的春天》描述的两个截然不同的教师形象，老师们在这里可以感受不同的教师形象，这是我做的第一个提示。

第二句话——"像母亲一样慈爱"。这是学生喜欢的第二种老师。在正常的学校教育中，应该有父亲般的教师，也应该有母亲那样的角色。以前传统的中国教师，都是"父亲"，都是男性的。现在我们中国的教师，尤其是在小学，大部分都是女教师。不只是中国，在国外，也有这样的问题。怎么回事？幼儿园、小学的男性老师越来越少，女性越来越多。这是不太积极的教师分布。我看了美国人写的一本书，叫作"校长办公室的那个人"。这本书的书名很有意思，叫"校长办公室的那个人"，其实就是校长嘛。当然，也有可能是校长办公室主任。这里写的就是校长。这个校长曾经向他的学区的负责人申请："我们学校今年一定要进几位男老师，我们学校的男老师严重缺乏。"你知道男老师缺乏意味着什么吗？你可以想象一下：如果一个小男孩在生长的过程中，他的父亲离开了他的妈妈，也就是离开了这个小男孩，那么，这个小男孩的成长就会遇到问题。尤其是到了青春期，没有父亲在身边的话，

这个小孩就会遇到一些成长的问题。老师们可以去看看那部苏联电影——《回归》。在电影中，那个小男孩胆子很小，完全不是男子汉的形象。后来他的母亲没有办法，就把他的父亲找回来，教育他的儿子。这个父亲回来之后，用父亲的方式提供父亲的课程，训练他的孩子怎么跟别人打架。他的父亲甚至倒酒给他喝，说："喝！"为什么这样做呢？男人应该喝点酒的嘛。

关于"像母亲一样慈爱"的主题，我推荐的电影是《乡村女教师》。

我多次看这部电影，希望培养自己对这部电影的感情。我看了几次，都没有什么感觉，现在看来，实在没法有太多的好感。因为这部电影表达的是那个年代的主题，我们没有办法要求那个年代的乡村女教师能够让现代的人喜欢。但是，看了这部电影之后，我还是发现了

苏联电影《乡村女教师》

一个值得观看的地方，里面有一句很经典的台词。那个女老师来到学校，乡亲们都不理解，学生们也不跟她玩。她第一次上课的时候，来到教室，教室里面是空的。这个老师很失望，但是她还是假设面前有学生，就开始跟学生说话。她说："同学们，我们开始上课。我是瓦尔瓦拉·瓦西里耶夫娜。"她没想到，窗户外面马上有声音说："我是瓦尔瓦拉·瓦西里耶夫娜。"这个老师很激动很开心，就把学生们叫进来上课。

这是经典台词！你知道这个台词意味着什么吗？哪怕学生不理解你，你也要一如既往地处于与学生对话的状态中，要对学生有一个期望。当然这是我的解释。这里面也有一些别的感人的片段，老师们如果想看，可以到市场上去买。

第三种最受学生欢迎的老师，是"实习教师"。我们都做过实习教师，我相信在座的很多老师，做实习教师的时候，比较受学生欢迎。为什么实习老师受学生欢迎呢？我做过实习老师，对我本人来说，这段经历很重要。它让我坚定：我以后一定要做教师，大概不会做别的。我从那个时候就得到一种信心，大概只有在学生面前，我才能找到我的自信。我是比较自卑的人，但是，我一旦进入课堂，就开始自信，莫名其妙地自信。我离开实习学校的时候，学生在我的笔记本上留言。有个学生写的是："刘老师，你以后正式做教师的那一天，请你告诉我。无论你在哪里，无论多么遥远，我一定来到你的身边，听你讲正式的第一课。"我很感动，就在他的笔记本上，为他画了一

我是比较自卑的人，但是，我一旦进入课堂，就开始自信，莫名其妙地自信。

个美女像。我说：没有什么送给你，就把这个送给你吧。这个小男孩太令人感动了。

实习老师为什么受学生欢迎？你看了这部电影，大概可以得到一些启示。老师们看了这部电影以后，可能有点接受不了。为什么呢？这个老师总是用怪招式来

日本电影《麻辣教师》

对待学生。但是，我们可以在这里面得到一条基本的启示：对付一些怪学生，老师自己应该有一些怪办法。

关于实习教师，我推荐的电影叫作"麻辣教师"。

我看了这部电影之后，感觉受不了。但仔细想想，它像一个寓言故事：做老师的人有时候是需要有教育绝招的。

实习老师有什么好？第一，年轻；第二，平等；第三，精力充沛，有激情。这是实习老师给老师的暗示。

接下来我们看受学生欢迎的第四种老师——"宽容的老师"。我推荐的电影是《音乐之声》。

这部电影中有几个很滑稽的镜头，就是这些孩子们的爸爸用铁的纪律、军人作风，严厉要求，雷厉风行，把他们培养成为一帮阳奉阴违、背后捣鬼的孩子。我们老师们可以想象，如果我们老师不注意教育方式，用铁的纪律、军人作风来要求你的学生，你的学生就会阳奉阴违。在电影里面，这些孩子们很爱捣乱，但是，来了一个满是爱心和宽容的家庭教师，她带着孩子们一起去奔跑、唱歌。后来，她把这些孩子们改造成一批欢乐的小艺术家。他们的父亲没有想到，他的孩子还有那么多的艺术细胞；他的父亲不知道，原来他的孩子那么可爱。我们可以从这个故事里面，获得一些暗示。

美国电影《音乐之声》

电视剧《十八岁的天空》

我们再来看第五种最受欢迎的老师——"帅哥老师"。我推荐的电影（电视剧）是《十八岁的天空》。

我相信我们有些老师看过这部电视剧。我最初看这个古越涛老师的时候，觉得不习惯，我不适应。我觉得这样的老师在中国没法生存下去。你看那个发型，就有一种不良的暗示。但是，这个老师有很多怪招。最初这个老师也是被学生拒绝的，学生也受不了他。后来学生发现，原来能够给这一帮学生带来真正精神力量的人，就是这个古越涛老师。《十八岁的天空》这部电视连续剧中央台播放过，现在还有电视台不断在播放。我最初以为他是新加坡、中国台湾、中国香港或者韩国的老师。我相信那边的老师可能是这个样子的。我也相信，我们中国内地未来的教师就是古越涛老师这个样子的。我相信未来中国人的长相也会有变化。我作一个预言，我的预言也许是可以实现的：20年之后，中国电视台的节目主持人的形象就会变过来。变得怎么样呢？第一，变得不太漂亮。现在，电视台的主持人一个一个那么漂亮，让大家看不到希望。这不是以长相取胜的。不能让太漂亮的人去做节目主持人。第二，他们的表情会变得比较丰富。我想说什么呢？我想说的是教师的形象。做老师的人，表情要有变化。我们一些老师坐在办公室是很可爱的人，可一进入课堂，往讲台上一站，就像个坏人，他就不敢在学生面前用真实的样子呈现出他的真实

的精神气质。他不敢，他不真实。我相信中国教师的形象以后会变过来，内地电视台的主持人的形象以后也会慢慢变成中国香港、中国台湾和韩国的主持人的样子。有些人看他们那些主持人，就受不了。尤其是年长的人，说："啊，那个台湾的节目主持人，太闹了，我受不了。"可是，你想想，现在湖南卫视为什么会影响中国的整个电视界呢？你知道为什么？很简单嘛，湖南卫视的节目主持人表情丰富，就这么简单。电视台主持人和做老师的人，这之间是有联系的。它是一个相关的文化。

美国电影《蒙娜丽莎的微笑》

第六种老师——"温柔的美女老师"。我推荐的电影叫"蒙娜丽莎的微笑"。

这部电影曾经被宣扬得很厉害。我们都知道这个美女叫茱莉亚·罗伯茨。我为什么要推荐这个电影？第一，这里有美女老师。第二，美女老师一旦严厉，她的教学就会有另外一种意想不到的效果。就我所知，美女老师一般都比较严厉。因为，不严厉，她没有办法做老师。世界上所有的美人在我看来基本上都是冷美人，为什么呢？她不冷，世界不就乱套了？这是我讲的第六种老师。

第七种老师——"风趣幽默的老师"。你知道学生多不容易吗？尤其是那些"差生"，坐在教室里面，每天接受八小时的"折磨"。老师讲课再不幽默一点点，那是人

间的地狱啊！我今天一直在看魏书生的报告，看完之后，我得出一个结论。魏书生的基本说法是这样的，他说，教室里面以后能够赚钱的、做大事的、经商的基本上都是学习成绩最差的人。为什么呢？你们知道，他们不断地受考试失败的折磨，但是，他还屡败屡考。你知道经商的人需要什么精神素质吗？他们不断地接受打击，不断地经商失败，但是，屡败屡商，屡败屡战，慢慢地，变成一个好的商人。你说那些成绩最差的孩子，他们有什么最美好的精神品格？每天他们没有人关注，他们过得如此孤独，但是他们仍然前行。他们多么像鲁迅追求的形象—— 一个勇者，孤独地前行！无论心情多么不好，每天早上吃完早饭，背上书包，然后选定一个方向，在哪里？学校嘛。他还来到了学校，多不容易。你看，我们做老师的人，要是不幽默，学生就受折磨。风趣幽默不是一种智慧，而是一种美德。我推荐的电影是《春风化雨》。

> 风趣幽默不是一种智慧，而是一种美德。

美国电影《春风化雨》

看过这部电影的老师，会从里面受到一些启示，它里面有一些潜台词。这是一个风趣幽默的老师，有智慧，有激情。一个好的老师形象，基本上在这个老师身上都充分表达了出来。但是，这个老师后来被学校开除了。你知道为什么吗？太好的老师也会被学校开除的，因为周围的老师都不怎么好，你一个人太好，不把你开除还行？中国也有这么一个老师，叫王泽

钉。不断地被校长开除，但是，他无论走到哪里，都不断地受到学生的欢迎。这就是问题。什么问题呢？这不是中国人的坏，也不是中国校长素质不够好，无论哪一个国家，它都会有一个最基本的潜规则：我们在这里过得好好的，我们可能生活得比较笨，我们可能生活得比较无聊，可是你不笨，你有聊，你过来之后，把我们的生活打破了，我们就不干，就要把你赶走。基本上是这样的。好的老师可能处于要被校长赶走的边缘状态。但是，不要真的被赶走了，否则就不好玩了。边缘状态是比较美好的状态。他想把你赶走，为什么？有个性嘛。他又舍不得赶你走，为什么？你有美德嘛。这是我推荐的第七种老师。

我们再看第八种老师——"充满爱心的老师"。这样的人我们都知道，我们承认，我们接受。好的老师有一个最基本的元素——他有爱心。如果一个老师有爱心，他已经成功三分之一，但对爱心的价值不能估计太高。因为有爱心的老师，有时候会以爱的名义做坏事，这是另外一种危险。武汉的沈旎老师专门写过一篇文章，就是《以爱的名义》。我们一些父亲母亲也会出现这样的情况：他很爱他的孩子，但是把他的孩子带坏了。不过，总体上看，一个老师应该有爱心，否则，他做老师会很辛苦。一个没有爱心的老师，他对他的学生没

电影：《烛光里的微笑》

有感觉，他会过得非常辛苦。所以，要有爱心！我推荐的这部电影叫"烛光里的微笑"。

看这部电影你可以学到两点：第一点，学会了微笑；第二点，学会了不要在烛光里面微笑，那样非常可怕。我们中国人拍教育电影就喜欢干这种愚蠢的事情。中国的教育电影的基本模式是这样的：一个女老师对学生非常有爱心，但是，另一个老师在她上课的时候，敲门说："老师，你的爸爸病危，医院打电话到校长办公室了，请你赶快过去看看。"这个女老师说："好，我知道了。"然后，一如既往地上课。为什么？她说："我的父亲是一个人在病房等我，可是，在教室里面有几十个孩子在等我，我不能够去医院。"等她上完课，再去医院，父亲已经去世了。父亲去世了，她就成为模范了。谁是模范？这个老师是模范。这种没有人性的电影，这种没有人性的广告宣传，竟然能够在中国的教育界不断地被宣扬。我希望我们的老师，我们首先对我们的亲人有爱心，然后对我们的朋友有爱心，然后才有可能对我们的孩子、对学生有爱心。如果你反过来，就可能是虚伪的。如果在座的哪位老师说："我的亲人，我看到他们，我就讨厌。"或者说："我长这么大，我就是一个独孤求败、没有朋友的人。"我就知道，你一定不会喜欢你的学生。为什么呢？一个人在日常生活中对亲人好，对朋友好，然后，他才会很自然地喜欢他的学生。当然，他也可能会自然地喜欢小动物。我们有些人搞反了：最喜欢小动物，次喜欢学生，再次是朋友，再次是亲人，或者根本不理他的亲人。这些都是态度变得太

过，简称"变态"。怎么能够只喜欢动物而不喜欢亲人呢？可是，某些教育电影就宣扬这种"变态"的典型形象。还有一种与之类似的模式：一个女老师对学生很好，但是她的丈夫住院了，就不去看望她的丈夫。丈夫抱怨她，这个老师说：你不理解我。我想我要是一不小心找这样的女老师做妻子，真是倒了八辈子的霉。怎么能这样做事呢？此外，中国教育电影还有一种比较可怕的让人难堪的模式：一个老师很有思想，很有激情，上课受学生欢迎。学生一拨一拨毕业了，学生一拨一拨长大了，这个老师每年在慢慢变老。后来，学生从大学回来看老师。不看则已，一看，死掉了。死掉之后，怎么办呢？学生就在黑板上写几个字："敬爱的老师，我们永远怀念你。"怀念有什么用？我们需要的是，这个老师在学生回来看他的时候，他能够有活力地、有激情地出现在他的学生面前。你说，这怎么可能呢？老师是人，他总是要老的。可是，肉体可以老，精神不老，智慧不老。一个真正卓越的老师，他不可能被他的学生超越，很难超越。你说，学生考到清华大学去了，考到北京大学去了，他就超越我了嘛！不是的，他超越不了。他考到清华大学、北京大学，然后到这里来做老师，他不一定做得过我。这就是我们做老师的人为什么不可能被他所有的学生超越的原因。何况，我们每一个老师都有自己的个性，个性是没法超越的。我希望老师们看了这部电影之后，有所启示，有自己的解释。我希望老师们看过《烛光里的微笑》之后，把中国的教育电影改写过来。尽管这部电影隐含了不好的信息，但我们还是推荐这

部电影。为什么？这个老师有爱心，爱心永远是好教师最重要的元素之一。

接下来我推荐第九种老师——"以身作则的老师"。以身作则，说到做到，这是学生喜欢的第九种老师。这种品质我不用解释，我们都会承认它很重要。可是总是有老师做不到。有些老师不断地许诺，经常说话不算数。有一次我去中学听课，一个学生举手说："老师，我有一个问题。"这个老师说："好，你说。"新课程使现在的课堂有了一些变化：只要学生有问题，老师一定要倾听，有人把它叫作"倾听文化"。以前，老师总是一个人讲，学生有什么问题，都可以不管。现在，"倾听文化"让课堂有了变化。以前，一个学生说："老师，我有问题。"老师一般会说："别提了，下课再说。"有的老师做得稍微好一点点，说："好，你说吧。"没想到学生提的这个问题老师根本没有办法解答。于是，老师就很生气："捣乱，坐下。"现在一般不这样了。那天学生提问之后，老师说："好，你说吧。"这个孩子离我很近，但是我听不清楚，不知道他在说什么。老师也没有听明白，他说：你能不能再重复一下？这个学生又重复一遍。我还是没听明白，这个老师也一脸的困惑。但是，令我吃惊的是，这个老师说："哇，很好。先坐下吧，下课后我跟你再讨论好吗？"这个学生就坐下了。下课之后，我跟教研员一起问这个孩子："请问你提了什么问题？"这个学生说："不知道。"我说："你不知道不行的，待会儿老师要跟你讨论问题的！"这个学生说："你放心，我们老师经常这样说，但下课之后从来

不找我们讨论问题。"你看，你要是长久地像这样骗孩子，一次两次之后，学生就知道你是一个"说话不算数"的老师。当时，那个教研员很生气："这个小子，败坏我们老师的名声。"在我们评课的时候，教研员教了这个老师两招。教研员很有智慧。我们大学老师到中小学评课的时候，常常是找不到感觉，不知道说什么，但是教研员知道说什么。教研员说："你以后不要再说'下课之后我再找你讨论好不好'，不要这样说，这样说非常危险。我教你两招。第一招，你就说：'这样吧，下课之后，你再来找我讨论好不好？'你来找我，好，我就和你讨论；你不找我，也好，又不是我的问题。这招很重要。第二招，要是哪一个学生提出一个很怪的问题，你不知道怎么回答，你一定要记住，赶快请另外的学生回答。为什么呢？因为，一个怪学生提了一个怪问题，这个班里一定还有另外几个怪学生，他们会用更怪的办法来解决这个问题。"这就是教研员的智慧。其实，做老师的，时间长了，一般都有类似的智慧。我们做老师的人，至少有一个底线，你要守住。这个底线就是：一定要说话算话。

我推荐的电影是《一个都不能少》。

这部电影我相信很多老师都看过，拍得实在不怎么样，哪怕是我们的"艺谋"先生拍的。以前的那种电影实在是不行，就应该让它有一点破坏，这是对的。我为什么推荐《一个都不能少》？因为这部电影有令人感动的地方。那个魏敏芝老师坐在电视台的门前，看到那个地方时，我被感动了，实在是令人感动。魏老师的形象、声音、那些

我们做老师的人，至少有一个底线，你要守住。这个底线就是：一定要说话算话。

电影《一个都不能少》

说法、那些恳求，我看到那个地方，我就觉得，无论这个老师专业水平怎么样，她有没有其他的专业素养，这些已经不重要了。重要的是，她是一个令人感动、令人敬畏的老师。她说话算数。为了一个承诺，她用她的辛劳，用她的倔强和执著去守护那个承诺。很多人为什么不能够兑现我们的承诺呢？那是因为我们承诺之后，遇到了困难，我们感到做不下去，缺乏最基本的执著。我们需要的是坚守感，要有守望感。我们有一些老师有承诺，却不兑现，常常是因为我们少了执著。我推荐老师们记住鲁迅的两句话。鲁迅说，纠缠如毒蛇，执著如怨鬼。我们做人，做事，只要你坚守了这两条，就什么都可以得到。我们在日常生活中看到一个美女，一不小心找到一个难看的丈夫。你知道为什么吗？你别以为这个丈夫很难看，他却有美德。就像鲁迅说的那两句话：第一句话——"纠缠如毒蛇"。我就纠缠你，像毒蛇一样纠缠你，缠着你，抱着你，你走不掉，你不跟我跟谁？第二句话——"执著如怨鬼"。就像一个哀怨的鬼一样，整天在你上空徘徊，慢慢地，你受不了了，就说："好吧，好吧，就要你了，就给你了。"然后就成了。我相信，能够成就事业的人，都是鲁迅说的这两句话的执行者和代言人。我最喜欢两部电视剧。第一部叫"大长今"，第二部叫"大宅门"。《大长今》为什么好看？我看《大长今》这部电视

剧，我不断想起鲁迅的这两句话。每一次失败，每一次灾难，都会带来一次身心的成长，我看了那么多的电视剧，我觉得最好的就是《大长今》。有一位老师说："韩国的电影就能让人感觉到人性的美好。"是的，韩国的电影就是让人感觉到人性的美好。还有一点，它让你感觉到：生活原来还可以过得这样的放松。我们中国人就是过得太苦闷了，太苦了，苦到什么程度了？我把鲁迅的另外两句话推荐给老师们。我们中国人走路的时候，总是看着地走

电影《大宅门》

路，从来不抬头挺胸，就像"赶死"一样。所以，鲁迅的第一句话说："两眼下视黄泉。"就是说，他不是在生活，不是活着，而是"赶死"。第二句话，鲁迅说得更刻毒，我一直觉得鲁迅是在骂我，因为我一讲课就是这个样子。鲁迅说："满脸装出死相。"啊，这个不太好。鲁迅骂人会骂得你心惊肉跳。但是，你心惊肉跳了，你就知道，可以再活过来，而不至于麻木。在韩国的电影中，可以看到人性的美好，可以看到生活原来可以如此轻松。我们曾经带中小学校长去国外考察教育。到了海参崴，俄罗斯的美女一个个身材高挑，身材太好了。她们走路的时候昂首挺胸，就这么走路。我们的校长怎么看别人走路呢？我们校长耸着肩看（模仿校长的样子）。这个样子太糟糕了。不能让人感觉到他是活在希望中的，不能

让人感觉到他的生活是有激情的。我们过得不好，人性不美好，生活不轻松。

最后是第十种受学生欢迎的老师——"有真才实学的老师"。我推荐的电影叫作"大宅门"。《大宅门》这部电视连续剧后来也改编成电影了。在我们明天的讲座中，我会让老师们看几个片段。这部电影里面有两个老师。第一个老师是白景琦的妈妈——二奶奶。我认为这是最优秀的女老师的形象。第二个老师，叫季宗布。我们等一会儿接着讲。

第一讲　教师应具备哪些课程智慧？

　　在导言中，我讲的是"什么样的老师是受学生欢迎的老师"。我提出了十种教师的形象，从这里面大体上可以看得出来，好教师的要素主要有两点：第一，专业智慧。第二，不只是有专业智慧，还要有人格魅力。一个好的老师，他在学生心中的影响，首先是看得见的专业智慧，还有一种看不见的人格魅力。这是两个最重要的部分。我讲这个主题，是从"什么样的老师是受学生欢迎的老师"这个地方出发。我希望老师们能够从这个地方介入对专业智慧的关注，对人格魅力的关注，最后，我会专门谈如何通过行动研究提升教师的专业水平。

我首先讲教师的第一种专业智慧，我称之为"课程智慧"。一个好的老师，他之所以受学生欢迎，是因为他有课程智慧。什么叫作课程智慧？这是说，这个老师上课的时候，他讲的知识比较丰富。这个丰富不是杂多、杂乱，而是这些丰富的知识让学生感觉到有足够的信息量，而不是贫乏、简单。做老师的必须面对这样一个问题：拿到教材之后，你如何处理教材？

我提供三条建议。第一条建议是"吃透教材"；第二条建议是"补充教材"；第三条建议是"更新教材"。

吃透教材

一般的老师不敢改变教材。现在情况稍微好一点，教师变得勇敢一点点了。一般的老师是不敢自由处理教材的。为什么？因为要"考教材"。现在提出一种说法："不是考教材，而是考标准。"可是实际上，大量的考试还是在考教材。做老师的人往往有一个信念：我教的这个内容就是要考的。教什么，考什么，我们一般都是这样想问题的。这使老师们不太敢去变动课本，去改变教材。一个好老师，必须越过这道坎儿。无论什么课本，拿到手里之后，必须改变。

但是，又出现了一个新的问题，这使很多老师不得不考虑。海南的蒋老师曾跟我讨论过这个问题。他说："我们都知道要改变教材，在农村，有一种老师也在改变教材，但是，他改得很危险。怎么危险呢？他根本不按照教

材内容上课。为什么不按照教材内容上课呢？因为教材很多内容他也不懂。这不是败坏我们农村教师的形象。在没有深切领会教材的基本的结构和意义之前，就按照自己的方式随意地选择比较简单的内容让学生学习，这是危险的。"

因此，改变教材有一个前提：应该知道什么样的改变是正当的、有意义的。如果是随意调整教材，给学生提供一些没有意义的、比较简单的内容去学习，这样的改变还不如不改变。由此我们得出一条最基本的结论：先吃透教材，然后再超越教材。不可以连自己现有的教材都没有弄明白，就想抛弃教材，另起炉灶。

你知道教材是怎么产生的吗？教材是经过审议的，审议通过之后，再做教材。每一个出版社在做教材的时候，都要聚拢很多专家的智慧和优秀中小学老师的智慧。你如果认为这个教材很糟糕，这个可能性不是太大。所以，要先吃透教材，然后再超越教材，这是最基本的前提。

补充教材

怎么超越呢？比较保守的、温和的做法是：以"加法"的态度对待教材。我们可以适当增加，暂时不把教材的内容减掉。可以把教材学习的时间缩短，再补充相关的资料，让学生学习相关的材料。这是一种"加法"的态度。

我推荐的第一个"补充教材"的案例是窦桂梅老师的《游园不值》。老师们可以看看相关的录像，看窦桂梅老师

上课的时候，她增加了什么；看窦桂梅老师如何用相关的资源对已有的教材构成一个补充。这节课我觉得前半段比较成功。我们看一看前半段（放录像）。你们可以看得到这里面有课程资源的补充。关于新课程，老师们听过很多相关的讲座，新课程的讲座中有一个主题，很多地方都在谈论，叫作"课程资源的开发和利用"。新课程提出了一些新词语，有的老师甚至觉得新课程不过就是提出了一些新的词语。其实，每一个新词语的背后，都有它的期望和可能在实践中引起的新变化。每一个新词语的提出都是谨慎的。在新课程话语里面，有一个词语，我认为很重要，就是"课程资源"。我们以前叫"课本"，或者叫"教材"，觉得这就够了，觉得把课本教完，这就是教师的责任。但是现在不行。我们要把课本变薄或者变厚，把课本变成"我的"，带上我个人的智慧，补充相关的资源进去。

从窦桂梅老师的课中，可以看得出来，她对教材作了大量的"补充"。第一个补充是她的粉笔字。有人会说，把课本上的字转移到黑板上，这有什么了不起的？这不一样。现在很少有人重视写粉笔字了。我的粉笔字就写得很难看，所以我不敢写粉笔字，我做 PPT 讲稿。但是，粉笔字本身是有某种美学效果的，它会加深学生的印象。老师在黑板上写字的时候，学生看老师写字的过程，本身就是有意义的。我们总觉得传统的技术都是要改变的，现代教育技术如汹涌波涛，它会把传统的技术打败。其实，没有那么简单。任何技术的进步，都将使人类付出代价。我们可以从窦老师的粉笔字里看到传统的价值。第二个补充是

她的"手势"。窦老师让学生们一起朗读的时候，她的手势很讲究。我估计窦老师是练习过的。我以前做老师的时候，经常在镜子面前训练我的讲课姿势。有一些专业技能就是要训练。你看窦老师的这个姿势，有一种交响乐指挥者的感觉，她整个的身体语言很美好。她在课堂上一站，她的身体语言本身就构成了很重要的课程资源。它是对课本的补充。课本很简单，就这么几个黑色的文字符号。如何使这些文字符号生发出意义来，这就需要我们老师引导学生一起去解读。现在窦老师在中国的中小学的很多地方已经成为一个模仿、示范的形象。这是有意义的。有什么意义呢？就是让一些老师有一个追赶的精神目标在那里。我觉得一个好的老师，他需要有一些人来模仿。模仿太重要了，只是不能止于模仿。每个人心中最好有一个追赶的精神同伴，但不必将之神化。

每个人心中最好有一个追赶的精神同伴，但不必将之神化。

从窦老师的这节课中，可以看到很多有意义的地方。第一是窦老师的粉笔字；第二是窦老师的身体语言；第三是窦老师寻找的其他资源，比如窦老师提供的一段音乐。朗读的时候，有配乐。你如何配乐？你到哪里找相关的音乐？窦老师有自己的寻找。为什么一定要有配

乐？你当然可以不用配乐，但是，有了配乐之后，感觉就不太一样了。人的生活是离不开艺术的。我们以前较少承认艺术的价值，中国人重实用，太注重实用了。我们不相信我们还需要艺术。可是，在人的生活中，艺术是少不了的。在老舍的小说里面，就有太多这样的艺术化的生活。在乡村，有一种人是不可以少的，那就是民间艺人。如果乡村有一个男人游手好闲，女人一般都会瞧不起他。但是，心里面还是非常欣赏的。因为那样的人也是有好处的：他浪漫，他的生活充满了艺术化的效果。你可以想象，现在的家庭装修是不是已经进入到寻常百姓的家里了？这说明生活是离不开艺术的。艺术是很重要的课程资源。等会儿我还会回过头来讨论这个问题。课程资源的开发究竟应该从哪些地方去寻找？在这段录像里也许可以获得一些启示。

　　我提供的"补充教材"的第二个案例是上海复旦大学附中黄玉峰老师的"反叛"。黄老师曾经被称为中学语文教学的"叛徒"。为什么这样说呢？黄老师是个特别的老师。我本人曾听过他的讲座。他说，我上课的时候有两种模式，你要听我的课吗？好，你进来了，听好了。你要听我的课，就要忍受我上课的方式。他的第一个模式叫作"放羊式"，你不是来听我上课吗？我一句话都不说。为什么呢？他说，我把我的学生带到一个草美水肥的地方，让我的学生像羊一样去寻找最好的水、草。这有什么不好？黄玉峰老师的语文课在中国的语文教育界是很有名气的，大家可以看看关于他的一些报道。这个案例的意义就是补

充资源，改变教材。他改变教材的方式就是让学生自己去寻找材料，他说，我的学生自己在看书，我不要去惊扰他们。他们自己在看书，老师根本不要说太多的话。这是他的第一种教学方式。他说，还有第二种教学模式，叫作"满堂灌"。你说"放羊"不怎么样，我再上一堂给你看看，叫"满堂灌"。他说，满堂灌有什么不好，别人灌进去的是"自来水"，我灌进去的是"牛奶"。我就一讲到底，怎么啦？我的学生喜欢听我讲。

这一点我是承认的，学生主动学习并不意味着老师不能"讲课"。北京师范大学肖川教授的说法是："老师们，你只要听我讲课，看着我，要是把我搞激动了，我会讲得天花乱坠，口吐莲花，语惊四座。"好的讲课表面上是老师一个人在讲，实际上不是。他的眼神在跟学员相互交流，他知道学员在想什么，他知道学员是否希望转换一个话题，他看得出他们的满意或不满。有些老师表面上是在"对话"，实际上是在"独白"。我最害怕一种老师：浑身是激情，高声呼喊："同学们，对不对？"那同学们当然会说："对！"或者喊："是不是？"学生当然会回答："是！"我在广东一所中学听一个初中数学老师上课。那个时候是夏天，这位老师化了一点

点妆，上课一激动，就流汗，妆就花了。我觉得非常尴尬。这位老师很激动，她喊："同学们，如果我们改变一个条件，是不是就会得到这样的结果？"学生说："是！"整堂课就是"对不对"、"对"、"是不是"、"是"，就这样一问一答。你知道什么叫对话吗？这样的对话实际上只是独白。一个善于讲课的老师，他可能在不断地讲，但实际上他是在对话——与学生进行心和心的交流。我相信，老师是可以"一讲到底"的，这没有问题。但是，你不能总是"一讲到底"，不倾听学生的声音，那就不好。黄玉峰老师的追求，就是让他的学生自己往前走，他不断地引导他的学生自己去开发新的学习资源。在他看来，那么薄的一本语文课本，很快就能把它搞定，不需要在那里有太多的纠缠。他的学生可以在复旦大学的图书馆借书看。他的学生对复旦大学附中周围的书店都了如指掌。书店里面有什么信息，他们都知道。他的学生办了一个刊物，叫"读书与做人"。北京大学钱理群先生给他们写序，到现场去跟学生交往，他们的刊物做得很有影响。这样的语文课就变得比较丰富了。后来《中国青年报》发表有关黄玉峰老师的一篇报道，标题就叫作"语文教学的'叛徒'"。"叛徒"两个字是打引号的，说得比较突然，但是这个"叛徒"打引号之后基本上还可以表达一个意思，就是他是在"改变"，他有"反叛"、"批判"的思维。黄老师的课为什么让人感觉到讲得好呢？因为他有个性。一个真正的有个性的教师是不会容忍没有个性的教材的。他不会容忍，他一定要把教材变得有他自己个人的精神痕迹。黄老师有一

一个善于讲课的老师，他可能在不断地讲，但实际上他是在对话——与学生进行心和心的交流。

个做法——他每年都会带学生去旅游。他把它叫作"文化旅游"，尤其是去浙东一带。他把课堂带到外面，借用余秋雨的说法，叫作"文化苦旅"。现在一般的老师不敢这样做，不敢带学生出去，以前我听北京的一位老师的报告，她讲怎么带学生出去游玩，很令人感动。可惜，现在老师们不敢带学生出去，怕出事故。

有人担心那样会耽误学生的高考，但是，黄老师的学生的高考成绩是出色的。为什么？很简单，第一，视野开阔，阅读量大。第二，通过写作带动进一步的阅读。语文有什么技巧呢？不过就是读得多，然后通过写作进一步带动阅读，就越读越多，越写越多，语文成绩就比较好了。语文课是要"听"的，但是，还有比"听"语文课更重要的，就是"读"课外书。我武断地说一句话，其实不是我个人在说，在座的有语文老师，也会同意：哪一个学生的作文写得好，不是因为他在课外读了大量的书？高中时，我的语文老师在上面讲语文课，我们自己在下面看课外书。对我影响最大的第一本书是《再寄小读者》。都高中生了，还看这种书。但是，我就觉得这本书写得好。对我影响比较大的第二本书是贾平凹的《月迹》。这是对我影响最大的两本散文。然

后，我越看越多，再也不用畏惧写作文没话说了。贾平凹是怎么写文章的？这不是一个杯子吗？你说怎么写？你读多了就可以知道，它可以说很多很多。我看到一个杯子是白的，杯子上面有一个盖子，这个盖子是可以活动的。你说这不是废话吗？写的这些话都没有意义。可是，你开始说出来，说多了，就慢慢有意义了。我们要让学生学会不断地说，他慢慢就学会说话了。这就是我们做老师的使命，除了有课堂教学，一定还要有大量的相关资源，要有补充，要让学生自己去阅读。

我推荐的第三个"补充教材"的案例是武汉的何文浩老师。我们有些老师可能看过相关的报道。最初人们不太相信这个报道，因为报道得太离谱了。后来我问过湖北的几个朋友，他们说有这个事。

这个何文浩老师是有绝招的。我一直在收集教师的绝招，我觉得"绝招"很重要。一个好的老师就应该有自己的绝招。这位何老师是武汉外国语学校高中部的一个物理老师。有关何文浩的绝招（传奇）有三：第一，课外不留作业；第二，所教的学生全部考上大学，而且都是重点大学；第三，用人有术，顽石一块的学生经他调理能成一块玉。一个好的老师除了会上课，还要善于跟学生交往。顽石一块的学生经他调理后也能成一块玉。1996年他班上三分之一的学生考上北大和清华，学生们习惯称特级教师何文浩为"何特"。你知道什么叫"特务"吗？就是有特殊任务的人，简称"特务"。他叫"何特"，就是有特殊任务、特殊魅力和特殊使命的人。

何文浩毕业于华中师范大学物理系，后来在农村教学。当时没有教材，他就自己刻钢板（在乡村长大的人都知道，在我那个年代，就是这样的，老师需要刻印很多的资料）。没有教具他就自己做，比如启动机、避雷针等等。后来有了教材，他就背书。高中三册书，他熟知第几章第几节，具体内容在第几页。比如理想气体状态方程，在第2册课本第50页。同一内容的必修教材在第250页。他根据记忆中的题型，每天出一份试卷让学生当堂做。他说这就等于做作业了，没有必要有另外的课外作业。他是不布置课外作业的。关于何文浩老师，有一句话，这句话是我今天讲这个主题的最重要的一句话："何文浩在吃透了教材后，他不按教材顺序讲。"他说每章每节相互渗透，他只讲自己提炼的精华。什么叫精华？什么叫作提炼的精华？等会儿我们会讲到，教师要有某种教学智慧，应该能从很多杂乱的知识里面提炼出一种核心的知识来，我把它叫作"知识结构"。

有关何老师的报道，可以从网上找得到。这是一位有绝招的老师。好老师都有自己的绝招。我做中学老师的时候，有一位姓赵的同事就有绝招。这个赵老师有两个绝招。他是教地理的，地理在那个时候是不受学校重视的一

个学科。但是，学生最喜欢的学科，竟然就是地理。我曾经听过赵老师上课，见识过他的绝招。

赵老师的第一个绝招是"画地图"。地理课经常要画世界地图。他拿着粉笔，一边对学生说"同学们，看看这个世界地图"，一边画地图，很快，一个"圆"就画出来了。学生下课之后把数学老师的圆规拿下来，在中间一放，一转动，刚好合上去。学生感叹说："啊！真圆！"圆有什么用？做老师的人，他在学生心目中要有威信，是需要有某种神秘感的。赵老师徒手画圆，这虽然没有什么用处，但它能给学生带来神秘感。

赵老师还有第二个绝招，其实这个绝招更没有什么意义，但是学生很看重。每到快要下课了，赵老师就要说一句话："同学们，今天的家庭作业是……"刚一说完，下课铃声就响了。每天如此。太绝了。怎么会有这样的效果呢？其实，只是这个老师对这些细节比较用心而已。

我读初中时，遇到一位姓严的老师。这位"严老师"打学生，他用脚踢学生，还让学生在讲台上"下跪"。有一次，学生把他惹火了。我们吃了饭之后，把装饭的盆放在讲台上，没人愿意去洗。他非常愤怒，就问："今天哪几个人在教室里吃饭了？站起来！到讲台上面来！跪下！"很可怕。另外有一次，早自修时，他在过道上走来走去。趁他转身时，有一个同学在他身后做了个"拳击"动作。不知道为什么，他竟然有感觉。他只是不知道究竟是谁在做这个动作。他转过身，问："谁？"我们谁都不说。他说："你们不说，我查出来之后，我就把他扔到窗户外面

> 做老师的人，他在学生心目中是否有威信，是需要有某种神秘感的。

去!"这个严老师长得浑身是肉，白白胖胖的，很有力气，我们都怕他。他说："再说一遍，谁要是承认，我原谅你。要是不承认，我查出来，我把你扔出去!"有位学生说："你真的原谅吗?"这个学生简直太笨了，这样提问就等于默认了自己的错误。结果，老师说："出来!"那位同学站出来之后，老师说："转过去!"严老师一脚踢过去，把这个学生踢到了墙角。可怜那位学生说："你不是说原谅我的吗?"现在这样的老师大概是找不出来了，但是我相信在农村的很多地方还会有的。为什么呢?因为在乡村，有一个观念根深蒂固：不打不成材。

可是，我们后来都原谅了这个"严老师"。为什么呢?他有绝招!一般的老师不具备他那样的绝招。我们长那么大，没见过那样的绝招。他的第一个绝招就是"写字"。他的字写得非常好。他在语文课上顺便教我们写字。教了一个学期，只教了五个字。好像最喜欢写这四个字。第五个字是"永"，永远的"永"。他的说法是"永字八法"。他说："你们要是会写'永'了，就什么字都会了。"我们就跟他学了一个学期的"风华正茂"和"永"字。他是教语文的，他就在语文课上教我们书法。你说这

个和语文有什么关系？好像没关系？但是，我觉得一个语文老师也可以做这样的事情。我们后来对这个语文老师佩服得五体投地，因为他有自己的绝招。他还有一个绝招——"背书"。每次走上讲台，背着手，走上讲台之后，大声说："诸位，今天，我们学《石钟山记》。"然后，他就自个在那开始背书。他能把整篇课文都背出来。没有哪一篇课文是他背不出来的。各位老师，你做得到吗？如果你是语文老师，你做得到吗？他每一次背课文，我们就很紧张。我们把书翻开，看他在哪个地方背错了。可是，他基本上不出错。只有一次，他卡住了，背不下去了。我们故意不看他，不理他，不告诉他。但后来，他又接上去了。唉呀！这太遗憾了。

> 每一个老师不一定都要有绝招，但每个老师都要过这一关：他必须能够"补充资源"。

　　这种绝招有什么用呢？还是有用的，那是重要的课程资源。什么是课程资源？有一种资源，它是老师自己个人的智慧。他的阅读、他的记忆和他的思想的批判性，就是资源。每一个老师不一定都要有绝招，但每个老师都要过这一关：他必须能够"补充资源"。

更新教材

　　除了"补充教材"之外，还有一种比较剧烈的改变，叫作"更新教材"，或者叫作"更换教材"，也可以叫作"开发教材"，就是重新开发一个教材出来。这跟一般意义上的"补充教材"不同。一般意义上的补充教材是做"加法"，"更新教材"不仅仅是做"加法"，它首先要做"减

法"。他知道把这个教材里面不好的减掉。如果老师不太喜欢某些课文，他就可以删减。比如，语文老师如果觉得《为了六十一个阶级兄弟》不是好文章，他可以更换。如果语文老师觉得《百万雄师横渡长江》不适合学生阅读，他也可以换过来。他可以更换成另外的更适合学生们阅读的文章。有些老师们不喜欢《荷塘月色》，他觉得这不是朱自清的最好的作品。他认为能够代表朱自清的作品的是《背影》系列文章。他认为要理解朱自清，就不能够只是阅读课本上的那些文章，他就可以把它换过来。

我举的"更新教材"的第一个案例是山东的王泽钊老师。王泽钊老师是一个真正的语文教学的"叛徒"。他自己编语文课本。无论哪个教材，他都不会用现成的。他偶尔也会用现成的教材。怎么用呢？就是把多种版本的教材聚拢起来，把这些教材里面好的文章拿过来。最后，教材就变得很厚了。学校里面的复印机、打印机，都是这位王老师霸占着用的。后来有些老师很反感，但是，他就是有那么多要复印的资料。在座的各位可以想象，如果有外籍老师给你上过课的

做老师和做学生一样，最重要的是读书。

话，你会发现一个秘密：外籍老师上课有一个特点，他往往会复印很多资料。他即使不复印资料，也会免费给你派送相关的资料。我们提倡老师补充资源，很多外籍老师就是这么干的。我们为什么就不能这么做呢？中国老师上外语课，没别的，就只有课本。有的老师更可恨，他发给我们一个课本，他讲的却是另外一个课本。然后，他满黑板都写满粉笔字，我们跟着他不断记录。他上完一堂课，头发全部变白，他一上课就成这个样子。这是最无聊的老师。

教师需要补充课程资源，但是，你补充的资源要为学生提供方便，至少提供阅读的方便。好老师都在做这种事情，王泽钊老师不过就是把这个办法做得比较充分，比较激烈而已。他认为很多课文简直不可以读。在他看来，很多课文太可恨了，不能让学生读那些东西。我给老师们念几段，你可以看看王泽钊老师的基本状态：

山东青岛语文老师。王老师从成为教师的那天开始，他就嫌语文统编教材课文没有几篇有人文价值，他认为语文就是应该发挥它的人文价值。他有不同的看法，他说："有些课文简直就是在说谎。"（老师们有没有兴趣？你去看看小学里面有些课文，是不是在说谎。）从那时候开始，他就开始自编教材给学生授课。从最原始的刻钢板油印，历经后来的胶印，到如今鸟枪换炮，他自编的这套教材，150万字的高中语文教材，已由作家出版社正式出版。

一个中学老师写出150万字，很多大学教授一生都没有写出那么多字来。当然，他只是"主编"。可是，他为

什么能够"主编"呢？这个老师自己在不断地阅读，自己在不断地补充。我做过两年中学老师，我也在不断地补充。我在大学上课，我要跟我的学生竞赛，看谁读的书多。做老师和做学生一样，最重要的是读书。我在网上写过一篇文章，我说："每天坚持阅读5小时。"后来有人问我："你真的能够坚持每天读5个小时吗？"我说："差不多吧。"其实，可能更多。我每天工作15个小时左右，这是我的工作方式。我大概还要工作20年左右。像我这样的劳动强度，活到55岁，就差不多了。中国很多文化人基本上都是55岁就死掉了，我觉得55岁死掉是最好的。但是，为了家庭的考虑，最好再延长20年。等到55岁以后，再逐渐减少劳动强度，但在这之前，我觉得是可以保持劳动强度的，做事情要有激情。王老师为什么有那么多的补充和更新？对他来说很简单，第一就是阅读量大；第二就是批判性思维。做老师就要有这样的品格。

王老师的学生的高考语文成绩在全市名列前茅。很多学生都记得，有那么一位王老师，曾经教过他们语文，对他们的一生都发生了影响。这太重要了。王老师的"新语文"拿在手上有种沉甸甸的感觉，打开来看有相当多的文学作品，鲁迅、茅盾、巴金、海明威、罗素、加缪、卡夫卡，等等。各位老师知道谁是罗素吗？可能有人不知道。加缪呢？可能也不知道。卡夫卡？可能从来没听说过。在王老师主编的课本里面，很多当代作家、诗人的作品也能找到。比如刘索拉的《你别无选择》，池莉的《烦恼人生》，王小波的《智慧与国学》，北岛的《雨夜》等等。还有往届学生的优秀作文，甚至有崔健的摇滚歌词《一无所有》和《一块红布》。我最喜欢的崔健的歌词叫作"假行僧"。"我要从南走到北，我还要从白走到黑，我要人们都看见我，却不知道我是谁。"崔健说得太对了，理想的生活就是流浪，真正的流浪是精神流浪，不断地突围，不断地更新，不断地去寻找新的方向，新的方向一定是在远方。这样做学术是非常开心的。有的人做研究生，做博士生，感觉很辛苦。这是因为他就是为了考试，为了文凭来"求学"。我不是这样的。我觉得太美妙了，读书是很美妙的事情，很愉快。你就是为了不断地寻找一个新的方向，这是很美妙的。这是美好的精神流浪，要不断地有更新、更换，这就是我为什么喜欢崔健的这首歌的原因。

　　我估计正是这种流浪的思维，让王泽钊老师不断地更新他的语文教材。新教材里面有一个很重要的地方——往届学生的优秀作文。王泽钊老师编了那么多，有人会有很多疑问——学生压力太大。要学的太多了，学不完，对语文考试成绩没有好处。可是，王泽钊老师的学生语文考试成绩都好，至少都比较好。校长迫于其他老师的压力，对王老师提出批评，因为这个王老师个性太强了，有时候人际关系处理得不好。但是，无论你怎么批评这个王老师，校长还是希望王老师教高三。为什么？就他能够把学生的成绩提上去，学生喜欢他的语文课，又能够提高语文成绩。校长怎么能不喜欢他呢？这是王泽钊老师的案例。

　　我推荐的第二个"更新教材"的案例是张思明老师的"数学建模"。张思明老师是北大附中的数学老师。对张老

师我不太了解，这一次为了这个讲座，我阅读了他的相关的材料。张老师的课最让人感觉到美好的地方，就是在数学领域有一个比较有开拓性的探索。他的做法就是导学探索，自主解决，然后是数学建模。对数学建模，我本人了解得不是太多，但是看了他的做法之后，我觉得至少他的学生的学习已经超越了一般意义上的数学课本。

我作一个总结：你为什么要更换教材呢？为什么要像王泽钊老师那样大规模地更新教材，或者要像黄玉峰老师那样补充教材呢？基本的说法是：做老师的人需要面对的第一件事情是，你要考虑如何做正确的事情，你要保证你教的知识是对的，是有意义的。有人说，教材如果有不对的地方，怎么能够通过审定呢？其实，也不要太乐观，好多教材上会有小错误，这是不可避免的，不一定教材就一定是对的；更重要的是，就算教材是对的，它对你的学生来说可能意义不大。这就需要更新教材。

有一个说法："做正确的事情比正确地做事情更重要。"我们首先要保证我们教的知识是正确的、有意义的，然后我们才去想：如何用好的、正确的方法去教授这些知识。一个好老师，他首先必须是一个课程工作者，然后才是一个教学工作者。中国的教育界一直把教师视为"教学工作者"，这没错。但是，真正出色的教学工作者，他首先是一个课程工作者。

什么叫课程工作者呢？这个说法有很多含义，可以说得简单一点：教师善于加工、改变教材。我在前面有一些提示：你不可以随意地改变，不能把那些做得好好的教材

丢掉，重新做一个很糟糕的课本给学生，那样不行。但是，一个真正有经验的老师，他就会用自己的阅读和经历去发现有意义的材料，从而给学生提供有意义的补充资源。首先要保证给学生提供的知识材料是有意义的、正确的、值得阅读的。中国教育界有多次教学改革，尤其在1979年以后，中国教学改革太多了，比如"自学辅导教学法"实验，这是很有影响的，由中科院卢仲衡先生主持；比如"尝试教学法"，这是江苏的邱学华先生主持的实验；还有"目标教学法"，等等。我曾经花了几年的时间去研究这些实验，我的理想是真实地了解中国这些做教学改革实验的主持人，我希望能够去做访谈，我想了解他们是怎么做的，他们有什么经验。我花了很多时间去做这些研究，但后来我发现，"教学方法"的改革并不能够带来真正的改变。任何一个有意义的教学方法的改革，都一定会遭遇到障碍，这个障碍就是：原有的教材不适应新的教法。中科院卢仲衡先生做的"自学辅导教学法"实验，首先就是要改变教材。他直接面对这个障碍。以前的数学课本不适合自学，他不得不重新开发一个教材出来，他让学生能够"小步子"学习，"及时反馈"，以便自学。这就是课程改革与教学改革的差别。到2000年前后，中国教育界出现"课程改革"这个词语，现在叫"新课程"。为什么不叫"教学改革"而叫"课程改革"？好的老师必须考虑课程问题，首先改变"教材"，然后才能改变"教法"，我们称之为"课程智慧"。

　　这个专题就讲到这里，谢谢诸位。

第二讲　教师应具备哪些教学智慧？

各位老师，我们接着讲第二个专题：教师应具备哪些教学智慧？

第一个专题我们讨论了"教师应具备哪些课程智慧"。教师的课程智慧主要显示为教师的"备课"。我们的基本结论是：做老师的人一生都在备课。他一生都在寻找、开发、利用相关的课程资源。一个好的老师，他的经历，他看到的，听到的，不断地被转化为上课的内容。真正好的公开课，不是一个星期就可以准备好的。有些老师，一旦上公开课，就浑身是胆。为什么？他有经历，有阅读，他一直在备课。真正好的公开课，往往在上课之前，就有大

体上的准备,然后有临时的生成。他在现场突然会冒出很多智慧来。真正有课程智慧的老师,他就不断地积累课程资源,积累之后,那些课程资源就会在课堂上蹦出来。

如何让课程资源在课堂上蹦出来?如何让课程资源进入具体的课堂教学?这是我们所要讨论的"教学智慧"。严格地说,教师的"课程智慧"与"教学智慧"是连在一起的,很难分割。教师的"课程智慧"以及课程资源的开发既显示为教师的"备课"行为,也可能存在于具体的教学过程的现场。在课堂教学的过程中,教师也需要有相关的课程智慧以及临时利用和开发课程资源的机智。但是,还是可以做一个简单的划界:教师的"课程智慧"主要显示为教师的"备课"行为,而教师的"教学智慧"主要显示为教师的"课堂"行为。因此,当我们讨论"教师应具备哪些教学智慧"这个主题时,这个主题也就可以转换为:一堂好课的标准是什么?或者,什么样的课是一堂好课?

我个人愿意将教师的"教学智慧"概括为三点,这三点也可以视为一堂好课的基本要素:第一是传道;第二是授业;第三是解惑。

传道

"好课"总是让学生有一种感觉:他被你感染——一种精神力量的感染。新课程称之为"情感、态度、价值观"。其实,"情感、态度、价值观"基本上都是不可以教

的，只能感染。一个老师上课有没有激情，取决于这个老师的生活态度，他的生活态度会以看不见的方式感染他的学生。

我推荐的第一个有关"传道"的案例是美国电影《死亡诗社》。

这部电影在很多地方流传。我在广州购书中心买过几十张《死亡诗社》碟片，我自己观看，也送给我的朋友。广州购书中心有专门的音像店，我每个月都会到那里去寻找资料。我一直在搜集教育电影、教育录像。我上课的时候，就给学生提供一些教育电影或教育录像的片段，作为课堂讨论的案例。

有一段时间，我给广东的校长作有关"新课程的课程资源开发"的主题报告。那段时间，广州购书中心的服务员感到很奇怪：忽然有很多老师特意来购买《春风化雨》（这部电影也翻译为《春风化雨》），买到《春风化雨》之后，就迅速离开，不买别的。她们不知道为什么。后来我告诉她们，是因为我给校长们作了推荐。广州购书中心卖了上百张《死亡诗社》。后来，我再去买的时候，那里的店员说："已经卖完了。"我问："什么时候有呢？"店员说："可能再也没有了。"我问："怎么再也没有了呢？"店员说："印制的权限已经用完了。"后来又出现了 DVD 版本。

在《死亡诗社》中，那个基廷老师是有专业智慧的，但更重要的不是一般意义上的专业智慧，而是基廷老师的教学激情。他的人格魅力感染了他的学生。什么是一堂好

> 一个老师上课有没有激情，取决于这个老师的生活态度，他的生活态度会以看不见的方式感染他的学生。

课呢？有时候，看不见的东西比看得见的东西更重要。我给老师们放几个片段。这里面出现了几位老师，你看这些老师的状态是不一样的：

镜头1：一群学生在楼道里面自由地拥挤、呼喊。

为什么放这个镜头呢？这是学校里面的生活，他上课之前就放这么一个镜头。你可以看得出来这就是艺术的表达：孩子们原本是野外的一只只鸟，但是现在孩子们已经变成了家猪。就是说，我们现在养的猪啊，本来都是野猪，慢慢变成家猪了。我们有的老师说："家猪有什么？家猪过得很开心，吃了睡，睡了吃，很好的。"这是你想得开心。更可怕的是，如果那些家猪也认为开心，那就完蛋了。你看，孩子本身就是野鸟，自由地飞翔，可是慢慢地被变成了我们教室里学生这个样子了。

镜头2：学校副校长在楼道里喊："慢点，孩子们！慢点！你们这帮毛手毛脚的家伙。"

你看，他为什么说："慢点，孩子们！慢点！你们这帮毛手毛脚的家伙。"就是说：你们这一群野鸟，你们这一群小野兽。野性原本不是什么坏事，可是，现在，我们在孩子们身上已经看不到野性了，非常的遗憾。依我看，最美的男人，就是身上有野性的男人，女的我不好说。

镜头3：化学老师给学生布置作业——孩子们，从项目表上选出三个实验项目，每五周写一份报告，第一章的前二十个问题明天交。

这是第一个老师，老师们看，第一种老师就是只会布置作业的老师。

镜头4：拉丁语老师带学生读拉丁语——爱克尼克弄，爱克尼克农，爱克尼克弄，爱克尼克农，爱克尼克弄，爱克尼克农，再来一遍。

这种老师，你看，可能教外语就应该这样教，是不是啊？但是，现在教外语也不用这种模式了：小和尚念经，有口无心的样子，偶尔看看窗外。这是第二个老师。

镜头5：几何老师给学生提要求——学习几何要求非常的精确，任何人如果不按时完成作业，都将会被扣掉一个学分。奉劝你们不要以身试法。

这是第三种老师，我相信我们在座的有些老师也有这样的，尤其是中考、高考的时候，我们会跟学生这样说话。我上课的时候都会说："不要迟到，迟到五分钟算迟到，五分钟之后不要进我的教室，你进来也可以，但是我心中充满仇恨。"学生就不进来了，但是我接下来还有一句话："如果你不进教室，你将会被扣掉两个学分。"学生就说："这种人太不地道了。"我还会紧接着再说一句话："但是如果你提交一篇论文，让我感觉到你是一个人才，我将会原谅你。另外第二点，如果你正在酝酿创作一部伟大的作品，你也可以不来听我的课。"我的学生就会觉得："啊，还可以。"我是这样计算成绩的：基本分八十分，你不来听课，扣两分；来一次，作业做得很好，加两分，做得比较差，八十分，不来，七十八分，我就是干这种事。

威胁有时候是必要的，但是不要成为老师唯一的办法。第四个老师马上就要出场了。

镜头6：基廷老师吹着口哨进入课堂……后来，基廷老师给学生讲"诗歌鉴赏"。

基廷：各位，翻到前言第21页。尼尔，你念一下序言，"诗歌鉴赏"的第一段。

尼尔：诗歌鉴赏，作者：埃伦斯·普里查特博士。要完整理解诗歌，我们首先必须了解它的格调、韵律和修辞方法，然后提两个问题。第一，诗歌的主题是如何艺术地实现的；第二，该主题的重要性是什么。第一个问题解决的是诗歌的艺术性。第二个问题回答的是它的重要性。一旦弄清楚这两个问题，判断该诗的优劣也就不是太难的问题了。如果把诗歌艺术性的得分画在横轴上，把它的重要性记在纵轴上，计算一下它所覆盖的面积，也就得出了它的优劣。拜伦的十四行诗可能在竖轴上得分很高，但横向得分一般。而莎士比亚的十四行诗可能在横向和竖向上都得分很高，覆盖的面积很大，也就表明它是一首优秀的诗。阅读本书的诗歌时，请联系这种分析方法。随着你用这种方法评估诗歌的能力不断提高，你对诗歌的欣赏和理解能力也会日益地提高。

基廷老师在黑板上画出示意图。然后转身对学生说话。

基廷：屁话！这就是我对艾伦斯·普里查特先生的评价。我们不是在安水管，我们是在谈论诗歌。我的意思是：你怎么评论像美国诗人巴特斯坦的诗呢？哦，我喜欢

拜伦，给他 42 分，但并不为之欣喜。现在，我要你们把那一页撕了。撕吧！把整页都撕了。没听见吗？把它撕了，把它撕了，快点儿。

副校长以为老师不在教室，于是，冲进教室来干涉学生撕书。

基廷老师出面解释，副校长退出教室。

他为什么要撕书呢？老师们以后不要撕书，这个很不好。但是，他表达的是一个教育寓言。就是说：你要让学生自己思考，你要补充或者更新教材。补充有一个前提——要减少，不能只是做"加法"。你的"加法"做到一定的程度，不断地加，加了那么多，原有的教材就可能成为一个累赘。所以，首先要"减损"，然后再"增加"。它表达的是这么一个意义。这个老师的课，你可以给出很多的解读，我希望老师们不要误解，以为这个老师就是鼓励学生撕课本，以为鼓励学生撕课本的老师就是好老师。不是这样的。这部电影最关键的理念是：让学生明白，除了课本之外，还有其他大量的资源我们可以考虑。

首先要"减损"，然后再"增加"

学校的副校长接下来跟这个老师有一个对话。副校长代表的是教育的传统，整个现存的教育秩序和制度。基廷老师代表的是对传统的突破、反叛，引导学生慢慢地恢复他们的野性。

镜头 7：副校长麦克里斯特和基廷老师的对话。

麦克里斯特："你今天的课上得很有意思，基廷先生。"

基廷：今天吓了你一跳，真抱歉。

麦克里斯特：不，不，不！用不着道歉，很有意思，虽然有些误导。

基廷：是吗？

麦克里斯特：你鼓励他们成为艺术家是很冒险的，等他们意识到他们不是伦勃朗、莎士比亚或者莫扎特时，他们会因此恨你的。

基廷：不是让他们当艺术家，乔治，而是自由思想者。

麦克里斯特：17岁的自由思想者？

基廷：奇怪，没想到你这么悲观。

麦克里斯特：不是悲观，是现实，如果他们真能不满脑子的胡思乱想，我也就不会悲观了。

基廷：只有在梦想中，人才能真正自由，从来如此，也将永远如此。

你看，基廷老师怎么说的？"只有在梦想中，人才能够真正自由，从来如此，也将永远如此。"我们要活在自己的梦想中。我们要让孩子们除了遵守现成的制度之外，还要有自己的梦想。我们一定要有自己的梦。我们的梦就是对我们现实生活的某一种离开，让我们重新变得比较自由和有所创新。我们提倡创新那么多年了，如果我们没有给孩子们最基本的思考的自由，没有给老师教学的自由，所谓的创新，一定是伪装和虚假，不太可能。

> 我一直建议：我们的老师们自己要有梦，让自己有希望，让我们活在我们的希望中，活在我们的梦想中。

所以，我一直建议：我们的老师们自己要有梦，让自己有希望，让我们活在我们的希望中，活在我们的梦想中。我的基本的结论是，我们的有些老师基本上没有梦了，我们每天为了应酬，为了检查，为了跟学生家长对

话，为了应付校长的要求，已经慢慢变得越来越现实，越来越没有我们的梦。我们有些老师有一点点梦，但基本上都是"噩梦"。我们要让我们的生活重新变得自由，挣脱现实的太多的规范。基廷老师不过就是想表达这样的想法。这个老师的追求，在学校里面引起了很多的震动。这个老师的做法不一定都是对的，但是他给出了一个暗示：让我们知道，激情、浪漫，是可以作为一种追求的。所有的教育现实都抵制激情，拒绝浪漫，但是所有的教育改革，都多多少少有一些激情和浪漫。否则，我们没法改，也不可能改。

镜头 8：基廷老师给学生讲莎士比亚。基廷老师模仿戏剧里面的角色："喂，我眼前的是一把剑嘛！"

老师们听到了没有？这是基廷老师的一种典型的讲课风格，有自己的激情和身体语言："喂，我眼前的是一把剑嘛！"（手势）

我们现在还有多少老师有这种动作？我们的老师都很疲劳，像我一样，经常熬夜，早上又起得很早。我们的老师们很晚很晚才睡。我最讨厌的一个说法是："敬爱的老师，夜深了，您的窗户还亮着灯光……"然后，第二天早早地就来到学校，那不疲劳才怪。不像基廷老师，他身上有这么多的干劲、激情。激情有的时候比讲课的内容更重要，当然也不能够夸张。请在座的男老师们回去对着镜子训练这个动作（手势）："喂，我眼前的是一把剑嘛！"要有激情，有点力量感。男老师，你知道你的使命是什么

吗？你就要让学校有力量感。女老师呢，我建议最好像邓亚萍那样，也有力量感。邓亚萍很有力量感。我要是看邓亚萍打乒乓球，就有信心，我就知道她一定会打赢。邓亚萍打乒乓球，我不认为完全是靠她的技术。她的气势是一流的。每一次抽球，就大喊一声："哇！"这一声叫喊，基本上就约等于说："得分去吧！"一声叫喊，一定会得一分。这是邓亚萍给我们的信心。我打乒乓球，水平也很一般。华南师范大学教科院有几个老师很讨厌跟我打乒乓球。为什么呢？他们和我水平相当，甚至比我还强一点。但是，一打，他们就被打败了。他们不知道我有一个绝招，我打球时，我会大喊一声："哇！"他们说："这是不规范的。"我说："哪有什么不规范？我说了算。"什么规范不规范的，又不是国际比赛。这种激情有时候是一种胜过技术的力量。

镜头 9：讲课的时候基廷老师忽然跳到讲台的桌子上。

基廷：我为什么要站在这儿？谁知道？

查理（学生）：感觉高一点儿。

基廷：不，谢谢你的幽默。我站在讲台上是提醒自己，我们必须时刻注意用不同的眼光来看待事物。瞧，从这地方看世界完全不同，如果不相信，可以自己来看，来吧。来吧！一旦觉得自己懂得了什么，就必须换一个角度来看，这可能显得有些荒唐或者是愚蠢，但必须试一下。同样，读书的时候，不要只想作者怎么看，想想你自己怎么看。

有学生轮流站到讲台的桌子上，再跳下来。

　　基廷：同学们，你们必须努力寻找自己的声音，因为你越迟开始寻找，找到的可能性就越小。梭罗说，大多数人都生活在平静的绝望中，别陷入这种境地，冲出来。别像老鼠逃跑似的，看看你的周围。对了，就这样，普利斯克，谢谢，对极了。要敢于开拓新的天地。

　　基廷：好了，除了写作文之外，我希望你们每人写一首诗，自己的诗，这就对了。每个人星期一早晨，都要在班上念自己的诗，祝你们好运，各位！

　　等基廷老师离开教室，胆小自卑的学生安德森也站到桌子上。基廷老师忽然推门，探头，调侃安德森："别以为我不知道，这些作业把你的魂都吓没了，胆小鬼！"

　　这是这部电影里面最胆小的一个小男孩，叫安德森，他很自卑。老师们，有些学生为什么成绩不好呢？可能与自卑有关。自卑是最折磨人的一种情绪，它会把学生的考试成绩一口一口地咬掉。这是自卑带来的后果。你看，基廷老师是如何让这个自卑的孩子变得自信起来的？他如何让这个孩子在教室里面过得有尊严？最可怕的是，一个孩子，他在教室里面一直活着，但是没有了尊严。我们的老师竟然加剧了这种没有尊严的生活。这部电影让我最感动的地方就是，这个基廷老师让这个自卑的孩子变得自信起来。基廷老师说："每个人星期一早晨，都要在班上念自己的诗。"不是写一般的作文，是要写一首自己的诗。你知道什么叫写诗吗？一般的作文可以写很多很多话，诗不能写得太多。就这么几个字，你要比较清晰、比较厚重地表达自己的感情。诗就是干这种事情的。它是很私人化的

自卑是最折磨人的一种情绪，它会把学生的考试成绩一口一口地咬掉。

一种写作。也因此，一般人很害怕写诗。你看这个安德森，他如何由害怕，慢慢地，在这个老师的引导下，有变化，直至能够写他自己的诗。

镜头 10：基廷老师带着学生踢球，踢球的时候，必须大声喊出自己的誓言。

这是基廷老师带着学生在学校里面踢足球。你说，一个语文老师，带着学生踢足球干什么呢？很奇怪。他让学生踢足球，也不好好踢，而是每人拿一张纸条，疯里疯气地乱喊。这有什么用呢？你知道吗？他是语文老师，他要给学生一种暗示——语言的力量。我们人类的精神很多隐藏在语言里面，语言有遗传性。每一个有激情的词语，它会遗传给下一代。你看，当那个孩子说："我要做生活的主宰，不要做奴隶！"他就会暗示自己，要过有控制感的生活。基廷老师让学生喊："要做真正的上帝！""走上绞刑台，我心安之若素！""与逆境不屈地抗争！"他是要用这种方式在学生那里唤醒一种生活态度。实际上，这就是基廷老师本人的生活态度。他希望告诉孩子们：这样的生活是有意义的。基廷老师在这里利用的是语言的暗示效果，语言是有力量的。有一个心理学实验，我有一个朋友，迟毓凯博士，他做过一些心理学实验。他让第一组的人看一些词语，看什么词语呢？比如老人、皱纹、白头发、步履蹒跚……看完之后，对他们说："好，你去休息一下，等会儿再说。"他一走出门，经过一条走廊，那里就有人开始录像、计算，看他走多长时间。这一组提供的

尽是一些很消极的词语——老人、皱纹、步履蹒跚，这是第一组。接下来，第二组，给他们提供另外的词语：青春勃发、昂首阔步、面带微笑、兴冲冲地干事……然后，让他们出去休息一会儿。结果，这组人很快就活蹦乱跳地跑出去了。你看，人会受语言的暗示。人是容易受暗示的，其实所有的动物都是容易受暗示的，甚至植物都会受语言的暗示。这是语言的力量。你要是想做好老师，你就和最好的和最优秀的老师待在一起，他会感染你的。如果你想做一个整天喜欢抱怨的，整天喜欢说校长坏话的老师，那好，你就去整天和喜欢说校长坏话的人待在一起。慢慢地你会觉得校长实在是太可恨了，光折磨你。如果你想把英语学好，你就去和英语学得很好的人在一起。你慢慢地就会发现，跟他们在一起，整天讲学英语的好处，整天讲谁谁谁学英语经历过一个什么样的历练，然后你的英语就会练得很地道。你要是跟那些英语学得很差劲的人在一起，他整天就要跟你讲：学英语是中国人最可耻的行为，提倡学英语的人都是卖国贼，都是汉奸。这样，过两天，你就不想学英语了。语言是有力量的，容易使人受暗示。

现在，看看基廷老师在星期一是如何让孩子们念他们自己的诗歌的。

镜头 11：基廷老师让学生在班上念自己的诗。

诺克斯：致格丽丝——我在她的微笑中看到了甜蜜，她的眼睛闪烁着光芒。但生活如此复杂，我已满意，只要知道……只要知道，只要知道她还活着。

诺克斯觉得自己的诗写得不够好，他说：对不起，船

长，我太傻了。

基廷：不，不，不，并不傻，写得很好。它触及了一个重大的主题——爱！这不仅是诗歌的重大主题，也是生活的。

基廷老师走到霍普金斯的旁边说：你在笑？你来吧。

霍普金斯：一只猫，坐在，垫子上。

基廷：祝贺你，霍普金斯，按照普里查特的评分方法，你的诗是第一首得负分的。我们不是在笑你，是在恭喜你。我不在乎你的诗主题简单，有时候，最漂亮的诗主题也很简单，像一只猫、一朵花、一场雨。知道吗？只要有新意，什么东西都可以写出诗来，只是，不要让你的诗太俗套。好了，下一位是谁啊？安德森先生，你在那坐立不安。来吧，站起来让我们结束你的痛苦。

托特·安德森：我……我没做，我没写诗。

基廷：你认为自己内心的想法全都是没有价值的，会让人笑话，是这样的吗？这是你最担心的。那么你错了，我觉得你内心有些东西是很有价值的。站在世界的屋顶上，我喊出我野性的狂叫。哦！又是惠特曼的诗。好了，可能你们有些不知道，咆哮是一种大声喊叫。好了，托特，你给我们演示一下，什么叫野性的咆哮。行了，你不会坐着咆哮的，来吧！快点儿。做好咆哮的姿势，啊？

托特·安德森：呃，咆哮？

基廷：不，不仅仅是咆哮，而且是野性的咆哮！

托特·安德森：好的，咆哮。

基廷：不，不行，大点儿声！

托特·安德森：咆哮。

基廷：那是鼠叫，来吧，大声点儿！

托特·安德森：咆哮！

基廷：噢，天啊，叫得再……

托特·安德森：咆哮！（吼声）

基廷：噢，这就对了，瞧，你身上也有野性。不能这样走，那张是惠特曼的照片，它让你想起了谁？别想，回答，快点！

托特·安德森：呃，一个，一个疯子。

基廷：什么样的疯子，不用想，只管回答。

托特·安德森：一个疯狂的疯子。

基廷：你可以说得更好，解放你的思想，发挥你的想象力，第一个跳进你脑子里的东西，哪怕荒唐透顶，来吧，来吧。

托特·安德森：一个，一个牙齿流汗的疯子！

基廷：我的天啊，你还是有诗人气质的嘛！好了，闭上眼睛，闭上眼睛，闭上。好了，你说，看到了什么？

托特·安德森：我闭上了眼睛。

基廷：还有呢？

托特·安德森：他的形象在我眼前晃悠。

基廷：一个牙齿流汗的疯子。

托特·安德森：一个牙齿流汗的疯子等得我的心怦怦直跳。

基廷：好极了，好了，让他动起来，让他做点什么。

托特·安德森：他，他伸出手掐住了我的脖子。

基廷：对，好极了，好极了！

托特·安德森：他一直在念叨。

基廷：念叨什么？

托特·安德森：念叨真理。

基廷：对。

托特·安德森：真理就像，像一床让你双脚冰凉的毯子。

基廷：别管他们，别管他们，继续说，继续说！

托特·安德森：他，他……你怎么扯，怎么拽，总也不够，踢也好，打也好，它总也盖不住我们，从我们哭着降生，到我们奄奄一息，它只会盖住你的脸，不管你如何痛苦，如何叫喊。

基廷摸着托特·安德森的头说：不要忘了！

下课了，学生到操场上踢球，然后把基廷老师托举起来。

你看，这就是这部电影的经典镜头。一个好的老师，他就会成为学生的精神领袖，学生会把他的精神高高地托举起来。我希望我们在座的男老师，以后都能被学生托举起来，女老师可以免了。这是一种精神的力量。基廷老师用艺术的方式让我们知道：一个好老师最基本的形象大体上意味着什么。这是一个老师可以做的一些事情。这个老师当然会教给学生知识，但是知识并不一定是教学的全部。情感、态度、价值观这些事情，你很难直接地教，只能够用各种活动、交往来渗透，慢慢地，你的学生就会受到你的影响和感染。

一个好的老师，他就会成为学生的精神领袖。

我们推荐的有关"传道"的第二个案例是南京师大附中的吴非老师。他的笔名是吴非，真实的姓名叫王栋生。他写了一本书叫"不跪着教书"。他说，我们做教师的人，要用人格魅力形成我们在学生心中的威信。一个没有人格的教师，他会影响他的学生：第一，他的学生就会对他不再抱希望；第二，他的学生也将被他败坏。这本书里面有一些是他给老师们提出的建议。比如，我们做老师的人，不要收家长的礼物，不要训斥家长，因为家长也不容易。不要收家长的礼物，因为你要是那样与家长交往，你在家长的面前将没有最基本的威信和尊严。跟家长要保持一定的距离，尤其是不要在电话里面训家长。教师的人格，是最重要的教育资源之一。如果我们教师自己是跪着教书的，则会有一些后果：第一，我们的学生可能跟你一起跪着；第二，可能学生坐着，你跪着，你在你的学生心目中是一个残疾人，一个精神不健全的人。有兴趣的老师可以去看一看这本书，大小书店都会卖这本书。

有关"传道"的第三个案例是"教师的气质"。有一种教师，他有自己的精神气质。北京师范大学的顾明远先生，中国教育学会的会长，给刘可钦老师写过一篇文章，文章的标题就叫作"教师的气质"。有兴趣的老师可以去看看这篇文章，这篇文章很明朗地把"教师的气质"这个概念提出来。我们做老师的人，是要有气质的。有些老师一眼看上去，就像个老师。有些人看上去，就不像老师，而像一个暴发户。还有一些老师不像暴发户，像个老板娘。有些老师的身上实在是少了一种精神的气质。这种气

我们做老师的人，是要有气质的。

质太重要了，我们不能够小看这个问题。精神气质会影响这个人能否成为一个受学生敬仰、让学生崇拜的老师。

这篇文章在网上可以找得到。那天我为了找这篇文章，花了一个下午的时间，专门在网上看文章，看刘可钦老师的相关报道和她本人的文章。她原来是河南安阳人民大道小学的老师，现在是北京中关村第四小学的校长。让我们来看看顾老师对这个概念的解释：人们很难说教师气质究竟是什么，但是人们能够感觉到它的存在。要么是高雅的，要么是粗俗的。教师应该有特别的气质，这种气质在顾老师那里有几个解释。哪几点呢？第一点，他认为教师的气质应该是高雅的；第二点，睿智，脸上看得出来的应该是智慧而不是琐碎；第三，亲和，而不是凶狠。我们有些体育老师很自信，他说我的学生一见到我就怕。让学生见到就怕还不容易？最后一点，自信，因知识、智慧而有自信感。做老师需要有一种自信，如果你自卑，你犹犹豫豫，你说出来的话不果断，那么你讲的知识就会打折，打三折，学生不会相信你。

这是刘可钦老师的照片，是在网上找到的。真正的漂亮是一种精神气质，她往教室里一坐，学生们就会安静下来。这太重要了。教师的气质就写在她的脸上，就写在这个老师的生活姿态里。我们以往对"教师的气质"这个问题重视得不够，很少有讨论。我希望老师们对这个主题有基本的关注：我们做老师的人，他应该用他的精神气质感染他的学生，让他的学生变成有人格的人。让我们的教育不再只是知识的教育，还有一种比知识教育更重要的人格

教育。老师的人格会影响学生的人格。我所理解的好学生，绝不是考试成绩最好的。有一些学生，我把他的分数打得很高，但是我并不见得对这个学生评价很高。我可能给某个学生的分数很低，但是，我心中对这个学生充满了无限的期望和好感。

什么叫人格呢？人格有多种因素。比方说我性格很好，这是人格的一个要素。什么叫性格好呢？我推荐过《大长今》，因为大长今的脸上有神性。无论有什么样的磨难，她都会重新生长，站立起来。这就是性格好。我经常跟老师们推荐的有几篇文章，有一篇叫作"承受苦难"。人要是不能承受苦难，人就永远长不大。他的脸上就只有浅薄，只有浅薄的乐观。

这篇文章讲的是美国的考门夫人的故事。天蛾出茧的时候，它慢慢地挣扎，挣脱出来，再变成飞蛾，很漂亮。你知道它为什么能够变得很漂亮，还能够飞起来吗？那是因为天蛾还是茧的时候，根本没有翅膀，它只有翅脉。它在挣扎的时候，慢慢地，翅脉变得有力量，变成了翅膀。有一天上午，考门夫人发现天蛾茧在动，挣扎了整个上午，看不出有出来的希望了。考门夫人就赶快到屋子里面，拿了一把小剪刀，把天蛾茧的丝剪薄了一点点。这个天蛾慢慢地就出来了。可是，她没有想到，出来之后，这只天蛾扑腾扑腾，挣扎了几下，死掉了。为什么？它没有经过挣扎，它的翅脉没法变成翅膀。为什么产房的医生都建议产妇最好自然分娩？那是孩子经受的人生的第一道考验。不经过挣扎，长大了之后就会害怕，见到什么困难都

怕。所以，有段时间我经常观察我的孩子，看她有没有什么问题。可是后来发现人和天蛾茧还是不太一样的。尽管如此，我还是相信挣扎对人类是有好处的。

我推荐的另外一篇文章是《受伤的蜜蜂》。在我的博客里面可以找到这篇文章：一个人在山里面砍柴，中午开始吃午餐。他边吃午餐边欣赏周围的阳光，周围的风景，周围的流水，很美好。但是有一只蜜蜂飞来飞去很讨厌。他一下子把它抓住，然后"啪"地一下把它打到地上去了。但是他没有想到，这只蜜蜂慢慢地爬起来了。他站起来，使出他九十五公斤体重的力量，把这个蜜蜂踩到沙里面去了。现在它一定爬不出来了。他又开始吃午餐。他没有想到，几分钟之后，沙慢慢地爆开了。爆开之后，这个蜜蜂又慢慢地爬出来了。他蹲下来，想看看这个蜜蜂能不能够把翅膀再伸直，慢慢地飞起来。他看了之后，得出结论：大概没希望了。为什么呢？因为它有一只翅膀几乎快要断掉了，不可能再飞起来的。但是，这只蜜蜂不断在挣扎。他一直蹲在那里，看蜜蜂在那里挣扎。慢慢地，慢慢地，这只蜜蜂竟然飞起来，跌落下去，又飞起来，又跌下去。最后一次飞起来，慢慢地飞走，飞越一个平静的湖面，慢慢地飞到很远很远的地方。直到这只蜜蜂在他眼前消失，这个人才发现：原来刚才他一直跪在地上，他跪着看这只蜜蜂挣扎。

我想，要是我本人，我就会一直跪在这个地方，跪到天黑。因为这是一只令人敬畏的蜜蜂，有神性的蜜蜂。然后，最好每个星期到这个地方来跪一次，来朝拜，因为这

里值得敬畏。我认为所有的动物身上都是有神性的，人也有神性。每一个真正厉害的人，他的身上都有神性。我相信这种神性很重要。我相信我讲课是有神性的，我有时候开玩笑说："不是我在讲课，是神在讲课。"为什么呢？因为我一讲课就聚精会神嘛，你知道什么叫聚精会神吗？聚拢精力，与神会面，简称"聚精会神"。我这个解释虽然比较搞笑，但是我相信，"精神"这个词语是很重要的。

为什么我们要看小说？为什么我们要看电影？为什么？因为，真正好的小说，能让人看到人性中的神性。我最喜欢看的小说是《飘》，英文名叫作 *Gone with the Wind*。拍成电影之后，就改名为"乱世佳人"。我认为那是世界上最优秀的电影之一，堪称世界经典电影。我建议，如果你实在不想看小说呢，就把这部电影买回来，电影名叫"乱世佳人"。《乱世佳人》为什么重要？有力量感的男人，就应该像巴特勒这样，有神性的女人，就应该像斯佳丽这样。还有一种有神性的女人，她用另外一种方式表达她的神性。用什么样的方式呢？用梅兰妮的方式。这部电影里有一个叫梅兰妮的人，看上去很弱小，很脆弱，很温顺。但是，恰恰是梅兰妮，在关键的时候，站出来，她用她的宽容，用她的人格，把周围的人聚拢起来。无论什么样的坏男人，梅兰妮都能够让他变得温顺。这个巴特勒没有崇拜过什么女人，但是他崇拜过一个人，就是梅兰妮。他喜欢斯佳丽，但是内心崇拜梅兰妮。我认为，梅兰妮和斯佳丽，这两个女人用两种方式表达了女人的神性。我希望老师们看这部电影，把这部电影放给我们的孩子看看。

　　最后，我推荐一篇文章——《夏令营中的较量》。你读了这篇文章，你就知道：什么叫作有人格力量的孩子？1992年，77名日本孩子来到内蒙古，与30名中国孩子一起举行了一个草原探险夏令营。结果，两个国家的孩子们不同的表现让中国人大吃一惊。第一，中国孩子病了，回大本营睡大觉；日本孩子病了，硬挺着走到底。第二，日本家长乘车走了，只把鼓励留给发高烧的孙子；中国家长来了，在艰难的路段把儿子拉上车说："儿子，爸爸带你一把，上来吧。"第三，经过两天长途跋涉，终于两国的孩子到达了目的地。

　　当夏令营宣告闭营的时候，日本领队问："草原美不美？"

　　77个日本孩子齐声吼道："美！"

　　"天空蓝不蓝？"

　　"蓝！"

　　"你们还来不来？"

　　"来！"

　　这几声大吼震撼了在场的每一个中国人。天啦，这就是日本人对后代的教育吗？这就是大和民族的精神吗？当日本孩子抬头时，每个人的眼里都闪动着泪花。

　　刚上路的时候，日本孩子的背包鼓鼓囊囊的，装满了食品和野营用具，而有些中国孩子的背包却几乎是空的，装样子，只背一点点心吃。才走一半路，有的中国孩子就把水喝光了，干粮吃尽了，靠别人支援。运输车陷进泥坑

里面去了，很多人都冲上去推车，连当地老乡也来帮忙，可是有位少先队小干部却站在一边高喊："加油！"野炊的时候，凡是又白又胖，抄着手啥也不干的，全是中国孩子。中国大人批评他们说："你们不劳而获，好意思吃吗？"可是这些孩子反应很麻木。为什么？因为这些孩子在家里面不仅抄着手等爸爸妈妈把饭做好，而且还要爸爸妈妈求他们把饭吃完。他们想，我野炊吃那么多的苦，我把这些东西吃掉就是给你们面子了。在咱们中国的草原上，日本孩子用过的杂物，用塑料袋装好，带走。他们发现有百灵鸟蛋，马上用小木棍围起来，提醒大家不要踩。而我们中国的孩子，废弃物走一路丢一路。

　　我读这篇文章的时候，很受震动，然后我就把这篇文章推荐给很多人。

　　这些"案例"里面有多少知识？当然有，里面隐含了"大道理"。真正有教学智慧的人，他首先要能够"传道"。可是，"道"是很难传递的，只能感染。所以，我推荐了这些案例。我们如何理解新课程的情感、态度、价值观？你把它背下来，也不管用。我们要用自己的人格魅力、自己的情感、态度、价值观去感染孩子们。我们先让我们自己生活得有激情，先让我们自己的身上有力量感，然后，我们的孩子慢慢地就会受影响，他们会找到自己的感觉。这就是"传道"。

我们要用自己的人格魅力、自己的情感、态度、价值观去感染孩子们。

授业

在讨论"教学智慧"时，我们遇到的第一个问题是"传道"。这是借用韩愈的说法："师者，所以传道授业解惑也。"这三个词语可以有多种解释：第一，传道。我们把它理解为教师以自己的人格魅力对学生构成影响。第二，授业。授业指的是什么呢？可以理解为传授一些专业技能、专业知识、生活技能，等等。我这里所理解的授业，主要是传授"学业"，传授基础知识和相关的技能。谈论基础知识和基本技能时，我把它跟授业联结在一起。第三，解惑。这意味着引起学生主动学习：让学生有困惑之后，再引导学生解决困惑。总是有人喜欢"新概念"，我个人比较喜欢把"新概念"跟已有的"经典概念"联结起来，不把它们完全分开。不必把经典概念推倒之后，再建立一些新概念，这样不太好。我讲教师的教学智慧时，首先想到的词语是"传道"。我把它跟"情感、态度、价值观"联结起来。我觉得这样是有意义的。

接下来，我们开始讨论授业。

对于老师、家长来说，他们最重要的期望就是孩子掌握基础知识与基本技能，他们认为这是最重要的。我不想回避这个问题。我们家长和教师最期望的是授业，就是基础知识、基本技能。关于知识与技能的学习，我提出了几个教育比喻，或者叫作教育隐喻。

第一个隐喻我把它叫作"游戏"。什么是学习呢？好的学习有游戏感，它就是一种游戏。好的学习像玩一场游戏。现在校长都会遇到两个比较大的难题，尤其是初中校长，现在小学校长也遇到这两个难题了。

第一个难题是"早恋"。现在校长就害怕这个事。有校长跟我说："我们学校现在已经不是什么学校了，是一个集体恋爱的地方。"有些小女孩回去跟家长哭。哭什么呢？她说："妈妈，没有男孩给我写信，别的女孩都有男孩给她写信。"没有男孩给她写信，她很伤心。有些老师自己就是家长，他就跟我谈这个事情，说："这个事情到底是怎么回事？我们变得不了解孩子，不了解学校，不懂学校了。学校怎么变成这个样子了？"这是第一个难题。

中国家长、老师对早恋的态度，现在看来，有点不人道：凡是中学生谈恋爱，都叫早恋。凡是早恋，都不正当。然后邀请一帮很笨的老师去做个讲座。什么讲座？就是"青苹果是涩的"。可是，学生说："我就喜欢吃青苹果。"还有的学生说："我们早就不是青苹果了。"看来，所谓"青苹果是涩的"，不具有说服力。另外，也有专家说："啊！早恋不是坏事。国外的小学高年级的孩子就学会了接吻，到了初中就有很多的舞伴，很多的 partners，不断地交换。到了高

中，就有好多人怀孕。这不是一件坏事。到了初中，很多老师和家长就给学生发避孕套。"这些都是似是而非的教育谣言。我不鼓励家长和老师用不人道的办法去处理学生"早恋"问题，但我也不怂恿学生恋爱。曾经有家长向我提问："如果你的女儿在读初中的时候，她带了一个小混混男青年到家里来，说，这是我的男朋友，今天晚上他就住这儿了，你怎么办？"我说："我就把他踢出去！"你看，这确实是一个难题。

第二个难题就是学生到网吧里面去打游戏，已经有网瘾。对于游戏、网络游戏、网瘾等现象，也不可简单处理。华东师范大学吴刚平博士是研究课程论的，他的孩子读小学的时候提出过一个问题，小孩问："你是研究课程的吗？"他说："对。"小孩说："我给你提个建议，你看以后能不能把中国小学的课程都变成漫画式的，把中国的中学课程都变得像武侠小说那样，那我们都喜欢学习了。"说得多好啊。但是，这个问题很难解决。

网络游戏意味着什么？我为什么会关注这个事？也许再过几年，我会系统关注这个事，现在我没法拿出完整的时间去关注。我对游戏的基本理解是：那里面隐含了学习的秘密。

为什么孩子那么喜欢游戏？我们还有一些没出息的成年男人也会坐在电脑前面打接龙扑克的游戏。你知道为什么？就那么一个很简单的接龙扑克游戏，坐在电脑前面竟然可以玩一个晚上！

游戏里面有学习的秘密：它牵着你往前走，它让你卷

入进去。它里面到底有什么秘密呢？最重要的是，做游戏的人，他没有其他的功利，他从这个游戏的过程中感受到一种成就感。这个成就感是怎么来的呢？很多游戏具有不确定性，你介入，你参与了游戏之后，你一定会得到某种奖赏。即使有失败的时候，你也可以不断地看到反馈和矫正。这次失败了，但是，它给了你另外一种可能，你下一次可能会成功。你下次又失败了怎么办？它还会给你一种可能，下下次可能就成功了。它不断让你有希望，不断给你反馈。

电脑游戏最初很简单：你打对了一个字，做对了一道题目，电脑里面马上就出来一个声音："你太棒了，你真棒！"后来，我们中国的老师也学到了："棒棒棒！你真棒！"这是一种很重要的奖赏，一种强化。这种强化可能是奖励，而且是正面的鼓励。有时候你也会失败，但游戏能让失败者看到，只要你愿意坚持，你下一步很可能就会成功。它永远不让你绝望。没有哪一个游戏是让游戏者绝望的。而且，游戏很简单，比方说你去打乒乓球，一拍挥过去，你立刻就得出一个结论。你看得到你这个挥拍的姿势，这个力量到底是有效的还是无效的，看得很清楚。

可是，我们现在的学习看不到这个反馈的效果。我们的学生做了一道练习题，不知道自己做得对还是不对。我们老师让课代表把练习本收到他的办公桌上去，有时候一放就是两三天，有的放五天，甚至放一个月。学生写作文的时候，多么渴望老师给一个评价。可是，等了很久之后，等下次作文本发下去的时候，他的感觉全没了，学生

已不知道当时写作文的时候是什么感觉。全忘了，因为没有及时的反馈。

　　游戏的一个很重要的秘密是及时反馈。通过及时的反馈，让你看到下一步的希望。这是所有学习里面遇到的一个很重要的问题，也是一个难题。我们不要小看这一条很简单的结论，很多孩子的学习成绩不好，与强化不够、反馈不及时、没有得到及时矫正有关系。你可以想象一下学自行车：一个孩子读书不怎么样，考试成绩不怎么样，但是他有可能学自行车很快。你知道为什么吗？你去让他学开汽车，他也很快学会，你知道为什么吗？技能学习、游戏有一致的地方，就是能让你有看得到的反馈。你开车踩错了油门，你踩吧，让你吃一点苦头，你就知道了。你骑自行车，该转弯的时候，该往左拐的时候，你要是用力不均衡，你就会摔倒。它立刻让你有反馈。我们现在小看、轻视技能的学习了。我所理解的知识学习，它的秘密就隐藏在技能学习那里。你如果想知道知识学习有什么秘密，请你想象一下，孩子是怎么学会骑自行车的，成人是怎么学会开汽车的。你说："那跟知识学习不一样啊！"是有差异，但仍然是有共同点的。不要因为差异而掩盖了它们之间的相同点。

　　技能学习还有一个秘密：它是整体学习。比方说，一个游泳教练教你学游泳。他说：现在，手打开，手伸过去，用什么动作，这个手再过来，用什么动作，然后这个手飞起来，再用什么动作。他虽分解了这些动作，但是，你一旦进入水里面，你用什么动作？你全身的动作都用上

了，还有教练没有讲的腰部和肚子的动作都用上了。这种学习是整体学习。

我再重复一遍。技能学习隐藏了一个秘密，它可以把很多技能分解，但是，一旦进入真实的学习，它就成为整体学习。这就是我提出的第二条教育比喻，或者叫教育隐喻。什么隐喻呢？学习就是"认地图"。

地理老师，优秀的地理老师，简直就是所有优秀老师的楷模。不要小看了地理老师。地理学习隐含了很多教育秘密，隐含了学生学习的秘密。我举个简单的例子，在座的各位老师，我现在给你们布置一个任务，一个星期之内，把北京市地图上的所有街道都弄明白。如果我有时间，我愿意做这个试验。一个星期，甚至不需要一个星期，你就能够知道北京市的每一条街道。我询问任何一条街道，比如安外大街 88 号。你说："我知道。从哪里出发，经过几环路拐到安定门，再从哪个地方绕过去，就到了安外大街 88 号。"我如果询问：北京地坛公园在哪里？你说："我知道。从哪里到哪里，就可以去那里了。"你知道你是怎么学会的吗？

如果办法不当，你永远都学不会。比如，今天你对学生说："同学们，我们学习北京地坛公园周围的路线……"明天你对学生说："同学们，我们今天学首都机场的交通。"你让学生去学吧。你一条街道一条街道地教，学生一条一条地学，学生永远无法掌握北京地图。

怎么才能够学会呢？

第一个秘诀，确定自己在哪里，这很重要。比如确定

我现在站在哪里。比如说我现在住在北京大兴黄村的"校长大厦"。

第二个秘诀，确定北京市有几条主干道，东西走向有哪几条，南北走向有哪几条……这是干什么呢？这就是整体学习。我现在询问任何一条主干道，你要能够告诉我，从黄村"校长大厦"这个地方出发，怎么可以到达那个地方。主干道掌握之后，接下来再开始学习分支、分叉的街道。

如果你是反过来，你去学地图，先学分叉的街道，学很细节的街道，然后再学主干道，这当然也是一个办法，但你很难学会。

老师们，如果谈到学画画，你肯定知道徐悲鸿这个人。徐悲鸿的太太写了一本书——《徐悲鸿传》。书里面有一句话，我很感兴趣——"致广大而尽精微"。画画的老师都知道，绝不允许学生先画具体的部位：首先，画一个眼睛，把这个眼睛画得非常好。一只左眼画好之后，再去画右眼。右眼画好之后，再去画鼻子……这是不允许的。画画的老师会告诉你，先确定他是一个国字形的还是一个圆形的脸。如果是一个国字型的脸，先画一个长方形，再把四个角切割成脸的形状。接下来，确定眼睛在什么地方，相当于交通的主干道，那是东西走向的。然后，确定鼻子在哪里，那是南北走向的，画一条线。首先画一个长方形，然后在中间画一条线，人的眼睛就出来了。然后上下画一条线，人的鼻子就出来了。下面再画一条线，那是嘴巴。上面有一条线，那是鼻子的方位。再画一条

线，确定眉毛在什么地方，耳朵在什么地方。顺着眼睛的地方延伸过去，把耳朵的方位也画出来了。

　　一直画整体，怎么能够把那张脸变成个具体的人脸呢？你当然不能一直画整体嘛，你也要画细节。在某个时候你肯定要把眼睛画得很像一只眼睛嘛。什么时候画呢？当你把整体的主干道确定之后，你才去画细节。这就是徐悲鸿说的那句话——"致广大而尽精微"。首先要把"广大"的那些主干道确定下来，然后你再努力去把很精微的细节部分画好。这就是学习的秘密。

　　我再举个简单的例子。现在孩子们很害怕考数学，我也害怕。在我的《教育自传》这本书里面，我写到我的高中老师——一个姓金的老师——怎么教我们数学。她讲任何一道题目，都会首先告诉你：这道题目在考你什么主题的知识，它在课本第几册里面第几页，还有第几册的某一个章节也跟这个知识相关。这道题就在考你这个相关的知识。金老师会告诉我们：这道题，它可能是由一道什么样的母题变过来的。就是说，每一个知识点都有一个母题，就像一个母亲，生出很多小孩。你遇到任何一道数学题，你必须知道它在考你什么知识，它的母题是什么。我们的数学老师就给我们总结出十几个母题。她说：高中数学就这十几个母题。你只要把这十几个母题学会了，相关的变式你也学会了，你就再也不用担心数学高考怎么考了。我数学成绩那么差，走向高考考场的那天，竟浑身是胆，大义凛然，根本不害怕数学。因为我的老师说了，只要把这十几个母题搞明白了，就不用担心。我觉得我是差不多都

搞明白了。我的数学成绩那么糟糕，120 分的满分，那年我竟然考了 118 分，只丢了 2 分。

这就是我所理解的"整体学习"。任何一个细节知识，你一定要能够整体地教、整体地学。

请老师们记住学习的这两个比喻：第一条，学习就是"打游戏"；第二条，学习就是"认地图"。"整体教育"和"及时反馈"，这两条很重要。

为了解释"及时反馈"，我再推荐几个案例。

中科院的卢仲衡先生曾做过"自学辅导教学"实验。什么叫"自学辅导教学"呢？有几个步骤：

第一步，启发。就是告诉学生我们今天要学什么，大概要学哪些知识。他把它叫作启发。

第二步，阅读课本。老师并不着急教课本，他让学生去读课本。他把它叫作阅读课本。

第三步，练习。读了课本之后，给你一个练习本，练习本里有你需要做的一些题目，而这些题目跟课本的例题很像。既然你读懂了课本，你就差不多可以做这些练习题了，这是第三步。

第四步，当时知道结果。你不是说做了练习吗？怎么办呢？当时知道结果，看看你到底做对了没有。我们以前学外语的时候，有一种配套的练习，前面是试卷，后面是试卷的答案。我们有些老师对付我们的学生，把后面的答案用剪刀剪掉，然后把练习册发给学生。为什么呢？他担心学生看后面的答案，不认真做练习。但老师不知道这个答案有它的意义。就是我做了这个练习之后，我再去核对

答案，看我做得对不对。这是很重要的。

第五步，小结。

卢仲衡先生做"自学辅导教学"实验，他就把这几点守住了：第一，启发；第二，阅读课本；第三，练习；第四，当时知道结果；第五，快要下课了，老师稍微总结一下："今天我们学了什么？出现了哪些问题？我们应该注意什么事项？"总结之后，大概就下课了。

他们当时规定得很机械，每节课，老师的讲课时间不能超过 15 分钟。还有半个小时，一定是学生自己看课本，自己做练习。这种比较机械的规定受到很多人的批评。但后来其他人也有类似的做法，也规定老师讲课不能超过多长时间。

湖北黎世法先生也做过一个"异步教学法"实验。"异步教学法"是什么？跟"自学辅导教学"很类似。

首先是"自学"。自学什么？就是看课本嘛。学生不是有课本吗？让学生自己去看课本吧。

第二步，"启发"。看了课本之后，有没有什么问题要提出来讨论？有问题提出来，就提供相关的解释。

第三步，"复习"。就是重新复习一下，我刚才学了什么。

第四步，"作业"。其实就是"练习"，跟卢仲衡的做法很类似。你不是有课本吗？课本上面不是有例题吗？有一道练习题跟例题很像，你既然读懂了例题，你就应该会做这个练习题了。

第五步，"改错"。做完作业之后的步骤呢？黎世法把

它叫作"改错"，当堂改错。怎么改错呢？同学之间相互改错。老师不可能很快地改那么多同学的作业，所以同学之间相互改错。交换试卷或者交换练习本，相互评改。学生要学会使用红笔，学会怎么去给别人改错误，怎么去跟别人交流。

最后一步，跟卢仲衡的一模一样，叫"小结"。自学——启发——复习——作业——改错——小结，一共"六步"。卢仲衡的是"五步"，即启发——阅读课本——练习——当时知道结果——小结。

现在看来，这些做法都比较机械。但是，这些做法里面都隐含了教育最基本的秘密，隐含了有效学习和有效教学的最基本原理。就是说，一定要通过及时反馈与矫正，让孩子们在尝试错误的过程中学习。一旦出错，要能够得到及时的反馈，否则，错误越来越多，越来越大，学生将不再学习，他会放弃。这就叫"反馈与矫正"。后来，中国教育界出现了一个很著名的教学实验，很多老师们可能都听说过。它叫"目标教学"实验，也叫"掌握学习法"。这是很有意思的实验。"目标教学"是干什么的？一般认为，目标教学就是先确定一个目标——我们今天要学什么，然后，下课之前，我们看看这个目标达到了没有。这就是目标教学吗？不是。目标教学的真正的秘密在于：今天要学习某一些知识，这是一个目标。接下来，要做一个事情，就是在老师讲解或者学生自己学习之后，有一个"现场作业"或者叫现场练习，看你这个目标到底掌握了没有，理解了没有。如果没有理解怎么办呢？目标教学提

出一个很重要的策略：重新再做一次。它允许你有第二次练习的机会。第二次怎么做呢？在第二次做练习之前，老师再给你辅导，或者同学之间相互帮助，把这个问题弄明白了，再学下一个单元。如果不明白，就不学下个单元。所以，目标教学实际上是中国 20 世纪 30 年代做的"单元教学法"（也叫"莫里逊单元教学法"）的一个延伸和更新。"单元教学法"就是一个单元学完，再学下个单元。这个单元没有达到掌握水平，永远不学下一个单元。

我们现在的孩子怎么学习？你今天没有学会，你明天也要学新的内容，谁让你不会的？别人怎么都会了？于是，我们的孩子们今天没有明白，明天又没有明白，到后天就永远不会明白了。今天爬楼梯掉队一级，明天看到别人爬上去了，把楼梯也抽掉了，掉了两级。你让他怎么爬上去呢？我们现在的教育，一不小心就变成了"飞人式"的教育、"超人式"的教育。它希望我们的孩子不经过爬楼梯就飞上去。但显然是飞不上去的。

现在能够解决问题的唯一的简单的办法就是"回到原点"。孩子们成绩不好怎么办？没有别的办法，"回到原点"吧。你的原点在什么地方呢？就是你哪一个知识点没有学明白，一定要回到那个知识点去。这个知识点没有弄明白，下个知识点肯定就受影响，尤其是数学。你知道为什么那么多学生害怕数学吗？语文课不用怕，他住院半年，回来之后，照样学语文，还可以听得明白。数学课不同，不要说半年，缺课一个星期之后，你就听不明白了，跟不上了。因为它的逻辑非常清楚。学数学就是一道梯坎一道梯坎地

往上爬。卢仲衡的"自学辅导教学"提出一个原则，叫作"小步子教学"。就是说，你的步子要一步一步的，比较小。不能大步，否则，学生是学不会的。这个太重要了。

从前面游戏的例子中，我们可以找到"反馈与矫正"的秘密。它很重要。为什么？因为学习就是这样的：它就是一步一步的，不可能一下子让学生跳跃；更不可能在学生学不会的时候，只要训斥他，他就能立刻跟上。那样他是跟不上的。

此外，我提出了两个概念，第一个叫细节教育，第二个叫整体教育。你如果听过有关英语教学的报告，你会发现，几乎所有的英语教学的报告，都会强调整体学习。英语怎么学呢？他告诉你：很简单嘛，英语学习就是"多听"。英语教学不是强调记单词最重要吗？我们考试很看重记单词，尤其是托福和 GRE 考试. 单词是最重要的。但是，英语教学法专家会告诉你：英语应该整体学习。我给老师们提供一个英语教学的报告，放几个片段。你看看英语教学的专家们为什么强调"整体学习"，"整体学习"究竟意味着什么。（播放杜子华先生主讲的《英语成功学》）

简单，就是好的；越简单，越好；最简单，最好。

让我们记住录像里面的最后一个结论："简单，就是好的；越简单，越好；最简单，最好。"

你知道什么叫"简单"吗？我刚才讲北京的交通，我讲怎样画一个人的脸，一个人的脸就是一个交通系统，哪是南北走向的，哪是东西走向的，你要分出来。这是一个很"简单"的结构。然后，就可以画出完整的图像了。

学英语的秘诀是：表面上是学语法，学单词，其实不

是，实际上是整体学习。你有整体观念，你就获得了"简单"结构。科学里面讲的"简单"更奇妙。什么叫科学呢？科学就是从"复杂"的现象中寻找出"简单"，这就叫科学。你知道科学是怎么找出来的吗？它是从整体上找出一个或者几个结论出来。最后还得回到整体。

中国的英语学习现状是：学生们先学单词，然后学句子，然后学段落，然后学一篇一篇的课文。老师们想象一下，有没有一种可能？能否直接先学文章，由文章再来促进学句子？由句子再来带动学单词？你说，不可能的，没有人这样学会的。你知道小孩学语言是怎么学会的吗？爸爸妈妈是否会说"宝宝，苹果，香蕉……"，一个单词接着一个单词地教？没有哪一个爸爸妈妈是这样教的。爸爸妈妈都是不断地教小孩："过来！吃苹果！苹果不好吃？吃香蕉……"然后，不断地跟他们说话。我们都是整体地说话，孩子慢慢就记住了句子。记住了句子，慢慢地就记住了某几个关键的词语。他们是这样学语言的。

这就是细节教育与整体教育的区别。学知识的时候，为什么孩子们慢慢地学不会了？更可怕的是，为什么孩子们一步一步地知识点都掌握了，但最后还是不会应试。孩子们一个单词一个单词都记住了，那怎么就不会说英语了呢？孩子们这道数学题会解决，那道数学题也会解决，但是怎么考试时就不会了呢？不奇怪，因为他们解的这些数学题都是一个一个细节的知识点，而没有把这个知识点放到一个更大的背景中去。

这是我们推荐的几个案例。我作一个总结。教师在授

业的时候，第一，要能够"及时反馈"；第二，要重视"知识结构"。

"知识结构"这个词语被很多人丢弃掉了。"知识结构"为什么在中国曾经被那么大张旗鼓地谈论，怎么现在很多人不怎么讲了呢？甚至有人到国外考察，回来之后，就讽刺与"知识结构"相关的问题。讽刺什么呢？"知识结构"这个词语与美国专家布鲁纳这个人相关。我们中国人到了国外，就问美国的专家："你们美国的布鲁纳先生是不是很厉害？"结果美国人问："布鲁纳是谁啊？"于是，中国人回来就宣扬说："你看看，我们中国人把某一个外国人当作神来崇拜，其实，美国人根本不把他当一回事。"我也问过美国的校长、美国的专家："你们美国校长看不看杜威的书啊？"结果那些人说："Who is Dewey？"我说："杜威你不知道？我们中国人都看杜威的书，学教育学的人都看他的书。比如《民主主义与教育》、《我的教育信条》、《明日之学校》，那些都是我们中国教育界的经典文本。我们都看他的作品。我们中国教育界有几个很厉害的人都是杜威的学生，比如陶行知，比如胡适，比如蒋梦麟，都是杜威的学生。我们觉得杜威是很重要的人哪！"他说："我们美国人基本不看杜威的书，我们都不知道杜威是谁。"但是，老师们，千万别把这件事情简单化。不要以为某一个或者某几个美国人不懂布鲁纳，不懂杜威，就以为布鲁纳、杜威在美国根本没有影响。杜威不只在美国有影响，他在世界很多国家，都是有影响的。至于布鲁纳，他领导的课程改革据说不太成功。我们中国人马上

说："在美国都不成功，我们怎么能够在中国做那样的实验，怎么能够那样强调知识结构、课程结构呢？"

各位，我提出一个结论，你可以考虑。我刚才讲那么多，说学习就是"认地图"。什么叫"认地图"？就是一定要找到整体的知识结构，否则你永远不会学习。我也讲学习就是"玩游戏"。游戏意味着什么？它意味着"及时反馈"。这两点加起来，就构成了学习的关键秘密。

当然除了这两条之外，还有一条秘密，它与前两条一起构成有关学习的三条隐喻：第一，学习就是"打游戏"（当然我是打引号的，不是说让孩子们真的跑到网吧里去"打游戏"）；第二，学习就是"认地图"；第三，学习就是"学走路"。这就是我们所理解的学习。

我重复一遍，什么叫学习呢？第一，学习就是"打游戏"；第二，学习就是"认地图"；第三，学习就是"学走路"。"打游戏"，它意味着反馈与矫正是重要的；"认地图"，它意味着我们一定要掌握整体的知识结构，否则你会迷路的；"学走路"，它意味着亲自尝试，主动学习。接下来，我们将以"解惑"的名义重点讨论这个问题。

> 帮助学生是教师的天职，但真正的帮助是让学生"摆脱一个人对另一个人的依附"。

解惑

"解惑"意味着先让学生有困惑，然后教师才去引导。"解惑"实际上是引起学生"主动学习"，这是一堂好课的最高境界或终极使命。帮助学生是教师的天职，但真正的

帮助是让学生"摆脱一个人对另一个人的依附"①。由此，我推荐一个教育隐喻——"学习就是学走路"②。

"学走路"意味着：没有人能够代替你走路，你只能自己经过爬行，然后跌跌撞撞，然后就学会了直立走路。走路只能自己走，不能由别人"抱着走"或"背着走"。尝试、摸索、跌倒、摔跤之类的经历是成长的正常代价。如果不付出尝试、摸索、跌倒、摔跤的代价，人就不会掌握走路的技巧。

"学走路"可以作为一条经典的教育隐喻。这是说，学习是自己的事，别人只能提供帮助，但无法代替。成人在某个时候可以"牵"着孩子的手往前走，但这种"牵手"也是需要克制的，在必要的时候需要"放手"。

这个秘密至少在叶圣陶那里早已经被识破。1962年，叶圣陶在和教师的通信中提出：教学如"扶孩走路，虽小心扶持，而时时不忘放手也。我近来常以一语语人，凡为教，目的在达到不需要教"③。如果说"学习就是学走路"可以视为一条经典的教育隐喻，那么，"教是为了不需要教"可以视为一条经典的教育口号。

你知道小孩怎么"学说话"、"学走路"的吗？我刚才

---

① 马克思在谈到关于"封建社会"的生产关系和分配关系时指出："物质生产的社会关系以及建立在这种生产的基础上的生活领域，都是以人身依附为特征的。"

② 参见刘良华：《自学成材还是听讲成材》（2006-4-18）［2006-7-27］http://blog.cersp.com/18893/497734.aspx

③ 中央教科所编：《叶圣陶语文教育论集》，教育科学出版社1980年版，第720页。

举了个例子说学语言就是整体教学。什么是学习？学习的秘密很简单，第一，学习就是"打游戏"；第二，学习就是"认地图"；第三，学习就是"学走路"。有没有哪一个孩子是爸爸妈妈一直抱着，他就会走路了？有没有哪一个孩子是爸爸妈妈一直背着他，他就学会走路了？有哪一个爸爸妈妈笨到如此的程度，孩子已经会走路了，还一定要抱着他？现在有没有哪一个爸爸妈妈，孩子一旦走路的时候摔倒了，就说"好，再也不要走了，以后爸妈抱着你走"？有没有这样笨的父母？

在"学走路"的问题上，有几个简单的比较研究。据说，美国的父母亲看到自己的孩子学走路的时候跌倒了，让他自己爬起来。孩子不是在哭吗？让他哭够了之后，自己爬起来，然后再接着往前走。中国的爸爸妈妈是怎么做的呢？看到孩子摔倒了，赶紧上去把孩子抱起来，说："宝宝别哭哦！都是'地'太坏了，我们把'地'打一下好不好？再打一下。这个'地'太坏了！"等到我们孩子长大之后，他一遇到什么不高兴的事情，就会觉得全是别人的"坏"，不是自己的问题。现在看来，这样的爸爸妈妈不多了，但是，你可以想象一下，我们的孩子是怎么学会走路的。

人类最初像猴子那样在地上爬，慢慢地学会了站立。孩子也是这样的。孩子先在地上爬，然后慢慢地站起来了。一个巨人就这样站起来了，很了不起。他跌跌撞撞，不断地摔倒。

我们要允许学生摔倒，允许学生有错误，这就是"学走路"的暗示。"学走路"让我们明白，学习就是一个自己走路的过程，是一个自学的过程。没有哪一个孩子完全是老师教出来的。有一些老师很骄傲，说："我们学校培养出了三个北京大学的学生，我们学校培养了两个清华大学的学生。"你以为那是你教出来的？那是他自己学出来的。倒是学校里有三个孩子后来进监狱了，那有可能是你教出来的。你说："你太过分了，你把我们老师的形象败坏得太多了。"你想想，那三个孩子为什么进监狱了？有没有可能是因为老师对他没有太多的关怀？如果有足够的关怀，一所好学校，就能减少一座监狱。这是有可能的。真正的好学生，老师只要稍加引导，他自己就能够往前走。

有一个故事，大意是：一个印第安老人很有钱，他想买一辆汽车。他就坐着马车去买汽车。买到汽车之后，他不会开，怎么办呢？他就把这个汽车绑在马车上，把汽车拖回来了。他不知道，汽车本身是有动力的。只要人能够把发动机发动起来，点火，踩油门，它就能够启动，它自己就会往前走。不仅自己能往前走，它还能带着别人往前走。这就是"汽车"。每一个孩子都是一辆"汽车"。我们只要给孩子提供必要的帮助：第一，启动；第二，让他有油，我们要能为他加油。我们看别人拔河的时候，就喊："加油！加油！"你知道"加油"是什么意思？就是发动"汽车"的意思嘛。那么我们的孩子，我们怎么给他"加油"呢？很简单，就是说，你要鼓励，鼓励就是加油。孩子如果不自信，你就说："我相信你行！"这就是"加油"

没有哪一个孩子完全是老师教出来的。

了。人的学习是要"加油"的。

另外有一个故事。这个故事是说，教学的关键是让孩子自己往前走。我找到的这个案例是刘坚老师推荐给我的，叫"父亲的脚后跟"。这个故事：一个小孩经常跟着他的父亲上街，但是他总是跟在父亲的后面走，从来不走在前面。有一天，他和父亲翻一个小山坡，他翻得比较慢，等他翻过去的时候，他已经看不到他的父亲了。他又害怕又焦虑，在那里哭喊，一直坐在那里哭了几个小时，直到他的父母亲回来接他。他说："我在这里等了几个钟头，又饿又怕，我甚至分不清家的方向。我苦苦思忆，但眼前呈现的总是父亲那双不停晃动的布鞋。午夜时分，总算传来了母亲苛责父亲的声音，后来我才知道，父亲回到家，竟不知道我早在半途就丢掉了。"这个故事很有意思的。你不要觉得，怎么会有这样的父亲呢？其实，老师经常会干这种事情。老师很自信地往前讲课，以为学生都懂了。其实他不知道，学生根本不懂。等到期末考试，老师才知道，哇！学生这也不懂，那也不懂。这种老师不知道，他早就应该回头看看他的学生了。

很多老师在上课的时候没有告诉学生：我们应该去哪里？从不指出大体的方向，而是一开始就下定义。让学生一步一步陷在推理的泥坑里，以为这样便是工作，便是思考训练，这就是教学。其实，这只是形式。问题出在哪里？学生看到的不是大的方向，就像故事里的小孩，他不知道路该怎么走，他看到的只是布鞋不停地晃动，简单地左右左右地交替换脚。一旦没有了布鞋在前面带路，便觉

得一切陌生：家在哪里，路怎么走，什么都不知道。故事的作者说："我深深相信，当时父亲如果像赶牛一样让我走在前头，出城的时候便用手指明家的方向，然后问我：吴厝的大榕树，旧厝的土地庙，阿公溪上的铁桥，南坑阿婆家后的小径……你认不认得？且在我点头之后，叫我逐一带路走过。我必定在走过一趟之后就知道回家的路怎么走了。如果父亲是最上乘的教育家，也许他会在指明家的方向后，便要我带路，他在后面，宁可多走一点冤枉路，一边加以修正，一边画图比较近路与远路，如此我便不只会熟悉家、城之间的路径，而且整个交通我都会明白，还能够帮他办一点事情。"

　　这就是"学走路"对教育的提示。

　　什么样的教学是有意义的？什么样的教学是有智慧的？让我们记住这几个比喻：学习就是"玩游戏"；学习就是"认地图"；学习就是"学走路"。

　　记住了这几个比喻，就会引出"授业"与"解惑"的秘密：第一，及时反馈并矫正；第二，整体教育（知识结构）；第三，引起主动学习。

　　"授业"、"解惑"与"传道"这三个要素加在一起，就构成了我所理解的教师的"教学智慧"。

第三讲　教师应具备哪些管理智慧？

　　前面我们讨论了教师的两个专业智慧。第一是课程智慧，这是第一道关口。一个好的老师，他就是应该不断地阅读，寻找新的资源，那样，他讲课会比较丰富。第二，教学智慧。如果只有课程智慧而没有教学智慧，就不能落实到课堂。课程智慧与教学智慧这两个智慧加起来，基本上能够构成一堂好课。什么是一堂好课呢？我们可以提出几个标准：第一，这个人上课资源比较丰富，这是一条很重要的标准。第二，这个人能够唤醒、激励、感染他的学生，我叫它传道。第三，他不仅是传道，他还能够讲知识，讲得明白。他能够把简单的知识讲得明白。会讲课的

老师就是这样的：从整体上讲细节，一旦从整体上讲细节，他就能够把简单的知识讲明白。反过来，你要是只讲细节，回不到整体，就会把简单的知识搞复杂。

关于教师的教学智慧，我提出几个说法：第一，要能够把简单的知识搞复杂，你有没有这个本事？这个本事很重要。大学老师一般有这个本事，他就能把简单的问题搞复杂。但是，仅仅具备这个本事是不行的。有些大学老师一到中小学上课，就上不下去了。因为学生听不懂。他不讲学生还有一点懂，他一讲，学生就一点都不懂了。为什么呢？他就只知道把简单搞复杂。他不知道，接下来还要做一道工序：能够把"复杂"还原为"简单"。这才是高手。这就是"教学智慧"。这个过程可以概括为几条原则。第一条原则叫"深入"，就是把简单搞复杂。第二条原则叫"浅出"，就是由"复杂"再回到"简单"。这叫"深入浅出"。这样，他讲课就会讲得精彩。一个老师既能够深入，又能够浅出，这个老师讲课就有某种"节奏感"。有时候，你去听课，感觉某个老师善于讲课，但你又不知道他的课好在哪里，你说不出来。其实，他就是有"节奏感"。他不会一下子把学生搞蒙。他会像唱歌那样，慢慢地引入，忽然达到一个小高峰。然后，慢慢地徘徊一阵子。忽然，往上面升上去，再往下走。这就是节奏感。任何好听的歌都有节奏感。我给老师们推荐一首歌，你去把它找来听一听。当然，其他歌都有节奏感，我最喜欢听的歌就是这一首，我是说它有节奏感。这首歌叫 *I'll always love you*（我永远爱你）。这是美国的黑人歌手休斯

顿唱的。她的歌就是唱得好。我缺乏激情的时候，我就听一听她的歌。听她的歌，就会坐得很直，干工作就有劲了。这样的歌曲就是好。它有节奏感。这是我所理解的教学智慧。

如果一个人有课程智慧，有教学智慧，基本上就可以说，这个老师能够上好一堂课。但是，仅仅能够上好一堂课，还是不行。有的老师上课不错，但是这个老师被学生所讨厌。所以，我们讨论了教师的"课程智慧"、"教学智慧"之后，我们要讨论教师的"第三种智慧"，我把它叫作"管理智慧"。

民主管理

教育管理的第一个智慧，我把它叫作"民主"。民主这个词太大了，请老师们把它还原为一个小概念。什么叫民主呢？就是尊重学生。遇到什么事情，与学生商量，这叫民主。民主就是这么简单。与民主相反的状态，就是什么事情都由老师说了算，学生不同意，也要执行，这叫作单独的裁定，简称"独裁"。民主就是让民众自己做主；让学生自己做主，遇到什么事情，与学生商量，这就是民主。

我提供的第一个案例，是魏书生老师的讲座。老师们可能看过他的书和录像。魏书生的书影响了中国一代、两代甚至三代班主任。很多老师做班主任，遇到问题的时候，在学生面前流眼泪的时候，回到家里就开始看魏书生

什么叫民主呢？就是尊重学生。

的书——看魏书生究竟是怎么跟学生交往的。我推荐几个片段，请老师们看看，看看魏书生是怎么谈论他的班主任工作经验的。（播放魏书生老师的录像——"为师从教不可不听的演讲"）

你知道什么叫民主？他的解释是这样的：让学生自己做主，当学生遇到什么困难时，学生可能解决不了，然后，我来帮助你一下。这就是民主。各位老师可能会觉得这个太遥远了。迟早有一天，你会觉得不遥远。什么时候呢？就是当你的孩子长大了时，你就觉得不遥远了。有些家长，就是"不自觉"：孩子已经长那么高了，他都不知道"放权"，还要家长说了算。总有一天，这个儿子要把他的父亲揍一顿，他的父亲才知道："哎哟，算了，再不放权不行了。"在乡村，男孩一天天在长大，往往在这个男孩到了快要谈恋爱的年龄，或者正在谈恋爱的时候，他才感觉到他没有权力，他的女朋友瞧不起他。这时，他最想争取权力，想用武力解决问题。我和父亲之间没有发生这种冲突，因为我父亲很自觉。他知道我长大了，我对他说话声音提高一点点，他就说："好吧，好吧，听你的。"

可是，很多老师不理会这个道理。无论学生声音提高多少，无论学生有多么强烈的渴望，他们想自己做点事，老师就是不干，就是不放手。

魏书生老师的解释就是这样的：我们只在需要的时候提供帮助。你如果能做，你就去做吧。他对民主的解释就这么简单。我们再看看他相关的说法。（播放魏书生老师的录像——"为师从教不可不听的演讲"）

有很多人现在批评魏书生老师，说魏书生有一个最糟糕的做法——挑起群众斗群众。学生一旦做了什么错事，马上有学生盯着，让你写几百字的说明书。有人说，这有点像"文革"时期的做法——相互揭发和批斗。

我对魏书生老师的基本感觉是：这个人很智慧。第一，魏书生老师的做法和中国现阶段的民主基本上是吻合的，不必用未来的民主来挑剔他的民主。第二，魏书生老师有一个可爱的地方，他有一种东北人特有的智慧和幽默。要做到这一点，也不容易。他讲课总是慢慢地讲。你在笑，他不笑。你听得很激动，他不怎么激动。这种智慧一般人是没有的。第三，魏书生站着讲课。我做讲座总是坐着讲，受不住啊。他为什么能够站着讲呢？他说是因为他重视身体锻炼。他每天坚持长跑。这是有"实践智慧"的人。

我希望老师们去买魏书生的书和光盘。有一段时间我很想看魏书生的书和光盘。为什么呢？因为有很多神奇的传说。据说魏书生到外面出差，10 天，半个月，或者 20 天。魏老师出差期间，班上的学生该干什么照样干什么，没有出任何乱子。他出差 20 天，不请任何一个老师代课，班上学生的考试成绩照样很好，班上的管理很有序。这到底是怎么回事？我就开始看他的书。看了他的书之后，我相信，群众之间相互监督是对的。比方说我要是在外面做了一件很不正当的事，我的邻居都要骂我了，很正常嘛。关于魏书生老师的管理经验，大家可以去读他的《班主任

工作漫谈》。最初的版本我看过，新版本我也看过。这本书写得不错。他做班主任的智慧，现在看来还是很少有人能够超越。在中国的背景中，魏书生老师的民主管理基本上是可以理解的。他的核心精神是"让学生自己做主"。辅助的办法是让学生帮老师，然后是学生之间相互帮助。《班主任工作漫谈》大量地谈论如何让学生自己管自己，这很重要。

再推荐一个案例，请老师们到网上去下载。现在班主任遇到一种新的制度，叫作"导师制"。这是说，每一个老师都是班主任。这是第一个说法。第二个说法是：每一个班主任都是导师。

每一个老师都是班主任。这怎么可能呢？当然有可能。大学老师往往就是这样做的。每个老师带几个学生，他们成为"研究生导师"。怎么去辅导学生，这是导师的责任。他提供个别辅导，必须这样做。每一个导师带几个学生，这跟一个班主任带一个班的感觉是不一样的，而且很不一样。大学里有辅导员，同时还有导师。辅导员跟学生的关系是不错的，但是无论关系怎么不错，还有一种交往更重要，就是导师跟学生之间的交往。导师带几个学生，他的人格魅力、他的生活方式、他的学术激情，慢慢地会影响他指导的每一个学生。可是，我们现在遇到了一个难题：一个班就那么几个老师，却有那么多的学生，怎么办呢？他做不到个个都指导。因为，一个导师不可能带30个学生，那会回到班主任的状态。所以，凡是有导师制推行的地方，最后都会有一个策略作为辅助，叫作"导生

制"。就是说，总有一些学生，相当于是小组的组长。遇到小事情，由组长解决。解决不了的，再由导师出面解决。一个导师带 20 个学生。20 个学生可以分成 5 组，每组 4 个人。或者分成 4 组，每组 5 个人。然后，每组有一个组长。这就是"导生制"。把"导师制"和"导生制"结合起来，估计这是未来中国班主任制度变革的方向。

现在很多初中和高中，开始有这样的制度变革。第一个学期只有一个班主任，没有导师。一个学期之后，各个老师给学生上课，有了一个学期的交往，学生都知道哪一个老师是什么性格，他喜欢哪一个导师。从第二个学期开始，学生就开始选导师。学生选导师，这是很尴尬的事情。有时候，一个导师，学生普遍喜欢，一个班 50 个人，就有 20 个学生选这个老师。有的老师性格古怪，生活方式委靡不振，学生在这个老师这里找不到感觉，他们会躲避这样的老师，他们不会选择这个老师做导师。

这种做法慢慢地会带来一些改变。现在中国有很多学校——南京、山东、广东、海南等很多地方的学校都在试行"导师制"。我在网上看到过一些资料和相关的报道。教育中的民主，在魏书生这里，在导师制这里，我觉得，可以获得一些补充。魏书生老师的做法是有意义的，但需要有另外的补充。魏书生管的范围还是大了一点。魏书生的说法是：人人有事做，事事有人做，时时有事做。就是说，每一个时间都有事情做，每一个事情都有时间做。我后来听了他的报告，我感到有点疑惑，或者说不太赞成。按照他的方式，会把学生的时间完全分割掉。学生来到学校，一天八个小时，他基本上把八个小时安排得满满的了。在那里，没有哪个孩子敢说：我现在什么都不想做，我就喜欢发呆。这是绝不允许的。你说："发呆当然不允许嘛，在学校怎么能发呆呢？"我觉得发呆也是可以的嘛，我做学生的时候经常发呆，也不影响我今天成为一个正常的人。发呆是人的权利，有时候人就需要发呆。如果学生忽然想到："我要看另外的书，我哪里也不想去，就想在教室里面看书。"那魏书生说："不行。"魏书生老师的办法是：你一定要跑出去，每天要跑多长时间，是有规定的。魏书生老师有很多规定，一系列的规定，太细节了。如果管得太细，就把一个人的时间全部瓜分掉了。你知道什么是独裁吗？最独裁的方式就是：把人的自由时间全部剥夺。

> 发呆是人的权利，有时候人就需要发呆。

尽管如此，我还是觉得，魏老师的方法是值得人们借鉴的。魏老师的这些经验如何借鉴，如何通过阅读来理解他的经验，在最后一个专题中，我们还会讨论。现在暂时过渡到下一个部分的讨论，讨论的主题是"管理技巧"。

管理技巧

民主管理是重要的，但是，还有一点也很重要。它是民主的辅助策略，我把它叫作"管理技巧"。魏书生的说法是"科学"。他说，做班主任，第一要讲民主，第二要讲科学。我看魏书生老师所讲的"科学",其实就是"技巧"。他把他的"技巧"叫作"科学"。这样说当然也是可以的,因为科学和技术两个词,原本就连在一起。但是,我个人还是愿意直接谈"技巧"。

关于管理技巧,我推荐老师们看一个人的书,但是,也不要迷信这本书,里面的技巧不一定都是对的。这本书的作者叫万玮。万玮老师的这本书在很多地方可以找到,叫作"班主任兵法",华东师范大学出版社出版。这几年华东师范大学出版的书,有一个"大夏"系列,做得很不错。全国教师都在读这个系列的书,比如郑杰的《给教师的 100 条新建议》、万玮的《班主任兵法》、窦桂梅的《玫瑰与教育》,等等。

《班主任兵法》在市场上很容易就可以买到,大小书店都可以找到这本书。这本书介绍了万玮老师做班主任的经验,你可以看看什么叫作"管理技巧"。

我个人对万玮老师的某些做法不太赞成,因为他太讲"技巧"了,光讲"技巧",就让人感觉到:这是在跟学生"玩技巧",好像在学生那里搞"阴谋诡计"。

实际上,有些班主任就是在跟学生搞"阴谋诡计"。有些班主任有很多经验,其实那些经验不过是一些"阴谋诡计"。你也不能说那些经验不好,我只是认为,那些做法顶多只是一些"辅助策略",不能成为"主策略"。它只能提供辅助作用。

我们来看万玮老师的第一个技巧——刚柔相济。

什么叫刚柔相济?我们看看他怎么处理以下这件事:

有个叫杨良的同学受到同学的围攻,老师到现场后,也对杨良提出批评。没想到,这个杨良同学大声喊叫,冲出教室。

各位老师,如果你遇到这样的事,怎么办?我相信我们在座的可能有老师遇到过这种情况。我也遇到过这样的情况。那年,我在一所中学教英语。我让学生调换座位,以便相互交流。怎么调换呢?我说:"你想跟谁坐一起,就跟谁坐一起。"但是,我没有想到,一个女学生,一个非常漂亮的女学生,谁也不愿意跟她坐一起。她没办法,就坐到后面去了。我就走过去,问她:"你想跟谁坐一起?"她就说:"谁也不想。"我说:"谁也不想?你最好找一个吧。"她说:"我就不想!"我说:"好吧,好吧,你就坐这里。"她说:"我也不坐这里了。"我说:"你想干什么?"她说:"我什么也不想干。"然后,她大叫大喊,哭着冲出教室了。

我吓坏了。做老师的人最怕这种事情。老师遇到这种事情都害怕。后来,我赶快让学生把她追回来。追回来之后,怎么处理呢?

我们来看万玮老师是怎么处理这个事情的。万老师也让学生把他追回来,追回来之后,怎么办?你看这个万玮老师是怎么说的。他说:"有一点我想请大家考虑。如果全班所有人都批评你,你的感觉怎么样?你能承受得了吗?大家一定有过这样的体会,如果你去办公室,所有老

师都批评你，你也会难以接受。所以，这次杨良同学虽然犯了错误，但是可以原谅的，大家说是不是？"学生当然说："是！"万玮老师接着说："如果我说欢迎杨良同学回来，我们就一起鼓掌，表明我们的态度，好不好？"大家就赶快鼓掌。那个杨良同学一看大家鼓掌，他就很开心。万玮老师把这个叫作刚柔相济，这是有道理的。

这是做父亲的人经常用的办法。做父亲的人，把自己的孩子训一顿，打一顿，然后就开始说："我为什么打你，我觉得你还是一个有出息的孩子，要不然我也懒得打你。"孩子一听："这个人，竟然还说我有出息，那就算了，不和他计较了。"家长、老师经常动用这样的策略。

万玮老师让全班同学鼓掌之后，问题就解决了：

在掌声中，杨良脸上显出了激动的神色。在接下来的课中，杨良听得特别专注。虽然他没有举手发言，但是从他坚毅的目光中，我看得出来他已经被我收服了。

在这里，我最不喜欢的就是这些词语，动不动就说："他从此就变得温顺了，然后他终于被我收服了"。

做班主任不是为了专门"收服"学生。你把他收服了，也不见得就是成功的。关键是要让学生自己知道：该往哪个方向走。

下面再看他怎么"治理"另外一种学生。我相信在座的老师都遇到过这种学生：梅兰和菊花是班里两个成绩最

好的学生。我发现这两个人我都不喜欢，为什么呢？她们太傲慢了。但凡学习好的学生都有一点傲气。他们从心里认为自己的好成绩是自己取得的，跟老师关系不大。因此，即使老师表扬他们，他们也觉得是应得的，不会很感谢老师。反而是那些平时调皮捣蛋的学生，没少挨老师的批评，但是他们和老师的感情很深厚。他们知道自己表现不好。长大之后为自己的过错深感不安。他们是真的感谢老师。因此，毕业之后也能常常记得老师，常常回来看望老师。那些成绩好的学生，别指望他们毕业之后还能回来看望老师。所以我们现在就说，真正的问题学生，不是那些成绩不好的，而是成绩最好的。有时候是这样的：他们认为，俺成绩很好，是为你们挣了工分，你的期末奖金都是我给你挣出来的。我们有很多学生明白：他成绩好，能把班里的平均分提高好几分。"期末奖金都是我给你挣的。"有的学生很"懂事"，他就觉得你应该对他好。

你看万玮怎么治理这样的学生。他的办法很简单：故意冷漠对待，使之孤立。冷漠孤立之后，再给予温暖。于是，这样的学生就学会了尊重和感激。说白了，就是先制造痛苦，再出面拯救。

对万老师的这种管理技术、这种管理方法，我本人是接受的。管理是要有技巧的，不只是家长对孩子要有管理技巧，也不只是老师对孩子要有管理的技巧，夫妻之间也要有管理的技巧。你说，夫妻之间怎么能谈管理呢？要有一点交往技巧嘛。什么叫管理？就是交往嘛，就是交往的技巧。

再来看万玮老师的第三个"技巧"。让我们来看看他是怎么处理班里发生的偷盗事件的。这样的事件不可能很多，但总会遇到。一个班里面，忽然有一个学生的钱被偷走了。还有更可怕的事情：班主任收的班费，放在抽屉里面，下课之后，打开抽屉一看，没了。钱到底到哪里去了？谁都不知道。有时候，就是他们班里的学生偷了。学校里偶尔会发生这种偷盗事件。对于这种偷窃事件的处理，必须很谨慎。因为稍不注意，就会遇到尴尬，甚至会让家长卷入进来。你说那个学生偷了东西，家长很快就会介入。家长会说：你凭什么败坏我们孩子的名声，败坏我们家族的名声？最后，事情会弄得不可收拾。

比较常见的办法就是用语言感化。比如，老师说："同学们，今天某某同学的东西丢了，而拿东西的人就在我们当中。在老师眼中，我们每一个孩子都是纯洁可爱的。我不相信有人故意做这个事情。我想一定是有人觉得某某同学的东西很好玩，借去玩了，但是后来忘了还了。"我们老师们就喜欢这样处理，有一些学生就真的听话了。但是，现在的孩子不笨了，现在的孩子偷了东西以后，你这样说，他在下面冷笑：这个老师太笨了，我是偷的，怎么叫玩的，根本不是拿来玩的，还回去？见鬼去吧！现在的孩子一旦想偷你的东西，就不会被你简单的技巧糊弄。

有些老师采用另外一些办法。第一种办法，提出一个时间，在这个时间之前，希望这个同学来找老师。这个办

法一般比较困难。你去等吧,等到天黑,他也不一定来找你。第二种办法,让这个同学悄悄地把东西放回去。老师说:我们借了东西的同学,什么时候可以悄悄把东西放到某个地方好不好? 好吧,你就去等吧。第三种办法,这种办法比较绝,准备一只开了一个小口的大箱子。所有同学在教室外面排队,每个人轮流进去一次。到最后,打开箱子,东西就在里面了。这种办法也有人用的。这种办法比较绝。比方说,钱丢了,怎么办呢? 准备一个箱子。同学们,我们到外面去集中,然后一个一个地进来。每个人的手首先要放在口袋里面,然后,一定要把拳头捏紧,不能打开。然后,再把拳头放在箱子里面。再拿出来的时候,要打开手。每个人都做这个动作。这样,学生就有台阶下了。偷了钱的同学,他正好就把钱从兜里拿出来放回去。他找不到台阶下,不知道怎么还回去,你就给他一个办法,让他放回去。这个办法可能会成功。但是,这个办法也不一定都管用。

万玮老师举的例子是:一个叫小光的学生,他的好译通被别人偷走了。这个好译通是他妈妈花了2000多块钱买来的。晚自习快结束的时候,老师宣布,我们班小光同学丢了一个很贵重的好译通。这个好译通可能现在还在我们教室里面,我们今晚要好好地找一找,争取把它找出来。今晚要是不把它找出来,大家都不要想回去睡觉。

第一步,每个同学先把自己的书包和抽屉找一遍。每个同学都要找,不管你偷了没有。然后,所有的人都到教室外面排队,由老师和几名班干部在教室里面再找一遍。你说这

样有什么好处呢？这就保证这个好译通一定不会被留在教室了。老师宣布：先出去排队，然后，几个班干部在每个书包里找。然后，他一定会把这个好译通转移到口袋里。

接下来，第二步，宣布五分钟后，准备搜身，吓死你。但是现在想上厕所的同学先去上厕所。这时候，有学生说要去上厕所，老师同意。另外有个同学也要去，老师说：等一等，一个一个分别去。等前面的人回来了，下一个再去。很多同学上完厕所之后，突然有个从厕所回来的学生大喊：老师，找到了，在厕所里面的墙角找到的。你看看，这就是这位万玮老师对学生搞的一点"阴谋诡计"。很有意思。

有一个叫宁宁的同学，80元钱被人偷走了。很多同学都知道，是旦旦翻了这位同学的书包。很多证据表明旦旦偷了钱。目标已经锁定，但老师不能强迫他承认。不能强迫他承认偷钱了，这很麻烦。后来，万玮老师就找他谈话，不问他为什么偷同学的钱，只问他为什么翻同学的包。你看，这个办法比较绝，这是说，我明明知道你偷了，但是我不那样说。我只说："你为什么翻他的包呢？"或者说："据说有很多同学翻了他的包。别人翻就算了，你为什么要翻呢？"首先，你一定要引导他承认：是的，我翻过了。就是这么简单。你以为带兵打仗，那些策略和兵法都是用于军事的？其实，学校、家庭里面，也有战争。学校里面也有看不见的战争。很多地方都有这样的策略。万玮老师的策略是：引导让他承认翻过书包就够了。万玮老师说："老师不愿意调查是谁拿了钱，也没人说是

> 其实，学校、家庭里面，也有战争。学校里面也有看不见的战争。

你拿了他的钱，但你总该要为你的行为付出代价的，现在你拿 80 元先垫给宁宁，这事就算解决了。你也算花 80 元钱买个教训，以后别再翻人家的包了，好不好?"这个学生想："哎哟，这个老师肯定是认为我翻了包，现在我应该被罚款 80 块钱，赔给他。反正我没有偷他的，翻包不可耻，罚款也不可耻，就偷钱是最可耻的。"然后，他就把这 80 块钱交给老师。这就是万玮老师的策略。

我们再来看万玮老师提供的最后一个案例。

学生在晚自习时吵闹。老师就说："我非常难过，我不为你们难过，我为我自己难过。我非常生气，我不生你们的气，我生我自己的气。我要好好反思一下，这段时间我对你们的教育为什么这样失败。我不是一个称职的老师。我要惩罚我自己。我决定，要在教室里站到八点半。我要从头开始反省我自己的失误。"那个时候是七点半。晚自习八点半结束。老师站在那里，像一座雕塑，一动不动，眼睛看着虚无缥缈的窗外。学生显然受到震撼，他们很焦虑，不忍心。他们犯了错误，却让老师站着受惩罚，自己还坐着观看。对一些懂事的孩子来说，这绝对是一种心灵的煎熬。这天晚上，七点半到八点半，只是一个小时，但可能是他们到学校之后，最难熬最难忘的一个小时。那个晚上一个小时的站立，给所有的学生上了刻骨铭心的一课。

老师们，相信吗? 万玮老师有很多怪招。这些怪招，我们可以想象一下，多少是有些意义的。做班主任的人，你要做相关的事情。所有老师，你即使没有做班主任，你

实际上也是班主任。不要以为你不是班主任，你就可以不做这些事情。比较笨的老师，就是跟学生发生冲突之后，说："滚出去，找你们班主任去！"比较笨的老师经常干这种事情。有智慧的老师，他能自己处理得好好的。现在让学生去找班主任，甚至让学生去找校长的老师越来越少了。你知道为什么吗？那是无能的标志，能干的人就应该自己处理。你说，那不是我的责任，我只教我的数学，我才不管学生的事情呢。你不管这些事情，你的教学，你的课，会不断地受到干扰。一个好的学科老师，表面上没有当班主任，实际上他是"看不见"的班主任。他没有班主任的名分，却有班主任的使命。

对于班主任来说，要带好一个班，第一需要发扬民主，这是根本的。你怎么带好一个班？其实，做班主任有时候是很简单的。怎么简单呢？做班主任的基本技巧就是培养一个好的班集体，在这个班集体里面培养好的班干部，就是这样简单。但是，现在没有这样简单了。如果你现在还指望培养几个好班干部就能够管好一个班，这不太可能。有经验的班主任不会采用"简单策略"的。为什么说这是简单策略？因为你仅仅依靠几个班干部，直接后果就是：这些学生学会了颐指气使，这些班干部学会了控制他人。这不好。

好的办法是，班干部是流动的。每一个人，他能够被别人管，同时也能够管别人。这是最基本的管理制度、管理模式。魏书生老师的模式虽然有点不太大气，但是，你可以看到中国的班主任基本上都在做类似的事情，就是多

增设几个班级岗位。增加什么岗位呢？比如，同学站起来发言的时候，别的同学都要等这个同学说完之后，才能够插嘴。这个同学要发言的时候，别的同学要安静地倾听。这是什么岗位呢？叫作"倾听管理员"。就是专门让一个学生管理这个事情。谁要是在别人发言时捣乱，就要扣分。类似岗位有很多，比如，有负责清洁卫生的，负责种花的，负责出操的，负责打开水的，还有专门负责管垃圾筒和扫把的，也有专门负责擦黑板的管理员。人人有事做，这个办法不见得大气，但基本道理是对的：每一个人都能够被别人"管"，但是也能够"管"别人。每个学生都有机会做班长。

我是做过班长的。小学的时候总是留级。留级之后，个子就比别人高，打架也厉害。那时，谁打架厉害，谁就当班长。我觉得当班长的经历对我太重要了。我甚至想让我的孩子小学留级。她要是不肯留级，我愿意让她推迟一年上学。至少我会做到：绝不让我的孩子提前入学。

我有一个同学，他认为他的孩子是天才，懂很多，然后就让孩子跳级了。我说："跳那么快干什么？你让他去玩嘛。"他说他的孩子不会玩。我心里很想说：那你的孩子有病。怎么能不会玩呢？赶快让他学会玩，有病的孩子才不会玩。只有那些有病的被虫咬了的枣子，才红得最快，才很快就成熟。身体要慢慢地长，一下子长那么高干什么？树是要慢慢地长的，长得最快的是白杨树，但是白杨树长那么高有什么用？仅有的用处是提供阴凉，白杨树的树干基本上派不上什么用场。长得太快，就会影响质

量。我们需要像台湾的龙应台那样，对孩子说："孩子，你慢慢来！"慢慢地来。让孩子自由地生长，不让孩子处于被逼迫的被动状态。然后，孩子就会有自信。

班主任的使命，就是让孩子们有自信。什么叫自信？就是说，他相信在这个集体里面，自己说话有人听。他相信自己能够竞选班长。有些孩子从小就失语了。失去了语言，失去了声音，很可怕。总有那么多孩子，长那么大，从来没有当过班长，从来没有做过管理别人的事情，从来没有"说话有人听"的体验。我建议老师们想办法让自己当校长。为什么呢？当校长就可以体验"说话有人听"的感觉。校长只有一个，怎么办呢？那就退而求其次，去当副校长。副校长也很少，怎么办呢？那就再退而求其次，当教务长嘛。教务长、教导主任也很少，怎么办？那就当班主任，那也是"主任"，班主任说话也有人听。如果班主任当不成，回去之后一定要当家长。很可怜，有人当家长都当不了，他在家里说话也没人听。那太可怜了。你说话时，有人愿意倾听，这可以显示人的力量感。你说话时，没有任何人愿意听，就没有了力量，活着就"没劲"。

教师是否有管理智慧，是否有管理的"大智慧"，就在于这个教师是否能够培育学生的民主精神，让学生"过民主生活"：让他的学生自己做主，让每一个学生都有"我说话有人听"的体验。除此之外，还要有一些类似万玮老师那样的"管理技巧"。"管理技巧"是重要的，但所有的管理技巧，都只算是管理智慧的"辅助策略"。

我们需要像台湾的龙应台那样，对孩子说："孩子，你慢慢来！"

无论是教师的民主管理，还是教师的管理技巧，基本上都是看得见的管理智慧。除了看得见的管理智慧之外，还有一种看不见的管理智慧——"教师威信"。这是接下来我们要讨论的问题。

教师威信

各位，我们接着讨论教师的管理智慧的最后一个部分，我把它叫作"教师威信"。管理的根本精神是"民主"。让学生学会自我管理、自主发展，这是管理的核心目的。但是，无论"民主"管理多么美妙，它总还是需要一些辅助策略或前提条件的。如果说"技术"是民主的辅助策略，那么，"教师威信"则可以视为"民主"管理的前提条件。

一个教师在学生那里是否有威信，取决于这个教师是否能够让他的学生敬畏而喜欢。教师可以询问自己：我要让学生敬畏我，我做到了吗？如果做到了这一条，紧接着可以询问第二条：我要让我的学生喜欢我，我做到了吗？

学生凭什么喜欢教师？喜欢的原因可能很简单：这个教师有爱心，他对他的学生好，他的学生就喜欢他，就是这么简单。学生凭什么敬畏教师？敬畏的原因可能是教师的思想魅力，也可能是教师的人格魅力。

我推荐一些案例，在这些案例中，敬畏与喜欢是两个基本要素。我提供三个案例：一是电视剧"大宅门"；二是李镇西老师的"爱心与教育"；三是鲁迅的"藤野先

教师可以询问自己：我要让学生敬畏我，我做到了吗？……我要让我的学生喜欢我，我做到了吗？

生"。（播放电影《大宅门》片段）

第一天上课，景琦照旧在门上放了一瓶墨汁准备捉弄老师。没想到季老师来到门外并不推门，而叫景琦出来。景琦犹犹豫豫地走到门边，不敢推门。季先生一脚踢开门，墨汁全泼到景琦脸上。后来，景琦和老师比赛失败了：他用两只手掰不动季先生的一根手指头。再后来，景琦见识了老师对《庄子》的任何一处都能倒背如流，终于心服口服，听老师管教了。

那么多家庭教师都被白景琦赶走了，可是季宗布老师却凭借他的"功夫"让白景琦"折服"。中国的"功夫"是双关语，季先生的确是有"功夫"的人，但他的"功夫"不只显示为"武功"，他尚有"文才"，季老师是有实力的人。季老师的理论是，"听话的未必是好孩子，不听话的长大了也未必没出息"。

接下来我推荐第二个案例——"爱心与教育"。

1999年李镇西老师出版了《爱心与教育》（四川少年儿童出版社）。这本书至今在中小学领域发生着影响。翻开这本书，有一句话立刻跳出来："常常有人问我，当一个好老师最基本的条件是什么。我总是不假思索地回答，拥有一颗爱学生的心！"这本书里面的很多故事在中小学老师那里流传，下面这则故事尤其让人心酸：

任安妮是初一下学期从外地转学到班上的。她身材瘦弱，脸色苍白，说话细声细气，学习较差，还常请病假。但是，给人留下最深印象的是她爱迟到。我曾把任安妮的

母亲请来，问是不是有什么特殊困难。她母亲说，没什么，就是任安妮动作太慢。我多次找任安妮谈心，要她养成雷厉风行的好习惯。但没有看到成效。

那天早晨任安妮又迟到了，我让她站在外面。大约5分钟后我怕校长看见，便让她进教室。进来后她走到自己的座位想坐下。我说："谁让你坐下？再站一会！"

她流泪了，但顺从地站在自己的座位前，并拿出书和大家一起读。

直到早读结束，她总共站了15分钟。

两节课后，任安妮来向我请假，说头昏，想回家休息。我很吃惊，问她是不是因为早晨站得久了。她说不是，平时就头昏，是老毛病了。我同意她回家休息。

第二天安妮的母亲来学校请假，说安妮病了，需要一段时间的治疗和休息。这时，我开始感到自己做得有些过分：可能任安妮当时已经病了，可我竟罚她站了那么久。

过了两个星期，安妮的母亲来学校，说安妮的病情比较重，得休学治疗。我在吃惊的同时，内心深处暗暗庆幸自己总算甩掉了一个包袱！

半年之后，安妮返校复学，降到下一个年级学习。在校园遇到我时，她总是羞怯而有礼貌地和我打招呼，喊"李老师好"。

几个月后开始期中考试，那天刚考完最后一科，有学生来告诉我："李老师，安妮今天早晨……死了……"

我心里一颤，手中刚收上来的一叠试卷跌落在地上。20分钟以后，我和十几个学生赶到殡仪馆。安妮的母亲迎

上来，用哭哑了的声音对我说："您这么忙还赶来，感谢您和同学们了！"

我心情沉重地说："太突然了，根本没想到。"

安妮的母亲说："安妮6岁就患上了白血病，当时医生说她最多能活3年。为了让她有个宁静美好的生活，我一直没有告诉她，也没有告诉任何人。在许多人的关心下，她奇迹般地活了8年。谢谢您啊，李老师！安妮在最后几天，还在说她想念李老师，想同学们。她复学后一直不喜欢新的班级，多次说她想回到原来的班级。可是，她就这么……"

这些话让我心如刀绞。在安妮纯真的心灵中，尚不知道她所想念的"李老师"曾为她降到另外一个班而暗暗高兴。

我忍不住哭起来。这是我参加教育工作至今，第一次也是唯一的一次因愧对学生而流泪。

当天晚上，我含泪写下一篇近五千字的文章《你永远14岁——写给安妮》。第二天，我含泪在班上为学生朗读，表达悲痛的哀思和沉重的负罪感。

从那以后，我发誓：绝不再对迟到的学生罚站！

很多年过去了，每当听到周围的人称赞我"特别爱学生"、"从不伤学生的自尊心"时，我总是在心里感谢永远14岁的任安妮，因为她那一双怯怯的眼睛时时刻刻都在注视着我……剥夺了学生的尊严，就谈不上任何教育。

这是有关"爱"的教育故事和教育案例。"爱心"是教师威信的第一个条件。"教师威信"除了"爱"，还有"敬畏"。

　　我推荐的第三个案例，与敬畏相关。活了一辈子，鲁迅骂了很多人。直到临终前，鲁迅都建议他的家里人：假如有人和你谈宽容，你不要接近他。在他看来，那些谈论宽容的人都是假情假意的人，他不相信那些人。鲁迅说：对于敌人，我一个人也不宽容。

　　鲁迅骂了那么多人，但他几乎没有骂过一个日本人。鲁迅何以骂了一辈子，但是没有骂过一个日本人？这里面可能有很多原因，但至少有一个原因是：他最敬佩的老师藤野先生是日本人。

　　什么叫教师威信？教师的威信从哪里来？你去看看鲁迅写的《藤野先生》，你就知道什么叫作教师威信，你就知道教师的威信从哪里来的。

　　过了一星期，大约是星期六，他使助手来叫我了。到他研究室，见他坐在人骨和许多单独的头骨中间，——他其时正在研究着头骨，后来有一篇论文在本校的杂志上发表出来。

　　"我的讲义，你能抄下来么？"他问。

　　"可以抄一点。"

　　"拿来我看！"

　　我交出所抄的讲义去，他收下了，第二三天便还我，并且说，此后每一星期要送给他看一回。我拿下来打开看时，很吃了一惊，同时也感到一种不安和感激。原来我的讲义已经从头到末，都用红笔添改过了，不但增加了许多脱漏的地方，连文法的错误，也都一一订正。这样一直继续到教完了他所担任的功课：骨学，血管学，神经学。

可惜我那时太不用功，有时也很任性。还记得有一回藤野先生将我叫到他的研究室里去，翻出我那讲义上的一个图来，是下臂的血管，指着，向我和蔼的说道：

"你看，你将这条血管移了一点位置了。——自然，这样一移，的确比较的好看些，然而解剖图不是美术，实物是那么样的，我们没法改换它。现在我给你改好了，以后你要全照着黑板上那样的画。"

但是我还不服气，口头答应着，心里却想道：

"图还是我画的不错；至于实在的情形，我心里自然记得的。"

学年试验完毕之后，我便到东京玩了一夏天，秋初再回学校，成绩早已发表了，同学一百余人之中，我在中间，不过是没有落第。这回藤野先生所担任的功课，是解剖实习和局部解剖学。

解剖实习了大概一星期，他又叫我去了，很高兴地，仍用了极有抑扬的声调对我说道：

"我因为听说中国人是很敬重鬼的，所以很担心，怕你不肯解剖尸体。现在总算放心了，没有这回事。"

看了鲁迅的《藤野先生》之后，你就会明白鲁迅为什么敬畏那个老师，甚至可以理解鲁迅为什么敬畏"日本人"：鲁迅一生骂人无数，但他从来没有骂过一个日本人。

这就是我对"教师威信"的理解和解释。教师威信是重要的。但是，无论教师的威信怎么重要，也只能成为一个"民主"的前提条件。它不是最重要的。有些老师威信很高，他只要往教室门口一站，整个教室会立刻安静下

无论教师的威信怎么重要，也只能成为一个"民主"的前提条件。

　　来。这样的老师当然会感到很骄傲，感觉很有成就感，但是，这样的老师不是成功的。为什么？因为他并不能够让学生自己管理自己。就是说，他只有威信，没有民主。

　　我的意见是：威信和技巧都是重要的，但是更重要的是民主。这有些类似前面讨论的‘教学智慧"：教师的"传道"、"授业"是重要的，但是，更重要的是"解惑"，即能够引起学生主动学习。

　　管理的关键是什么？威信是重要的，技术也是重要的，但是，还有比威信和技术更重要的，就是能够让孩子自己管理自己。教师要能够引起学生"自己管理自己"。

　　我给各位讲一个我个人经历的"自己管理自己"的故事：小时候，我在外面被人打了，我很不高兴，回去之后，一脸的不安、愤怒、委屈、失望，我总觉得我那帮哥们都没有站出来主持公道，我对他们非常失望。我回去之后，我的父亲跟我讲道理。他并不知道我在外面挨打的事，但不知道为什么，他就跟我讲了一个道理。他说，做人，要厚道。厚道是最重要的。我在我的《教育自传》里面专门写了一篇文章，标题就是"做人要厚道"。我的父亲说：凡是喜欢占小便宜的人，都要吃大亏。凡是不占小便宜的人，最后却占大便宜。我以前不太会理解，年龄太小，听不懂大道理。可是，那天他跟我说了以后，我就很理解。他的话，我听得很专心，我感觉听明白了。那天晚上，我借着油灯，拿着徐悲鸿的奔马图，在墙上画了一匹马。那个时候，我是初中一年级的学生，当时是暑假，在这么一个夏天的晚上，我就在墙上画了一幅"奔马图"。

> 我的父亲说：凡是喜欢占小便宜的人，都要吃大亏。凡是不占小便宜的人，最后却占大便宜。

然后，在奔马的前面竖着写了一行字——"不用扬鞭自奋蹄"。这句话的意思很简单。就是说，我要做这么一匹奔马，不用别人来管理我，自己往前走，自己管理自己。现在，那个墙上还有那幅"奔马图"。尽管画得可能不怎么样，但是那是我画的，就很重要。我妈妈一直想把那个旧房子拆了，再建一座新房子。我对她说："你千万别拆啊。"她问为什么，我就说："那栋房子以后会成为名人故居的。"她就不敢再提这件事了。

这是我本人最重要的一次转变。人生是很奇怪的：忽然在某一天，忽然就有一个领会。然后，他知道了他的明天要干什么。我们的教育是干什么的？教育就是要能够引导孩子明白"我明天要干什么"。

高中新课程里面有一个说法：学生要有"生涯规划"能力。你知道什么叫"生涯规划"？就是说，他能够自己管理自己，他自己知道自己以后要干什么。老师应该怎么管学生呢？你要是把学生管得死死的，好了，你这个班里面可能很安静，很有秩序，但从此一潭死水。你这个教师就失败了，从一开始就失败了。我觉得，一个好的老师，应该让这个班里面的每一个孩子都有活力。让学生能够奔腾，但是，他听课的时候能够暂时安静。

这就是我所理解的教师的管理智慧。我作一个总结：第一，教师要培育学生的民主精神；第二，教师要有一些管理技巧；第三，教师要有威信。

第四讲　教师应具备哪些人格魅力？

　　各位，我们开始第四个专题的讨论：教师应具备哪些人格魅力？关于怎样成为受学生欢迎的老师，我在前面讲了三个主题：第一，教师要有课程智慧；第二，教师要有教学智慧；第三，教师要有管理智慧。接下来，我们讨论第四个专题：教师要有人格魅力。

主动精神

　　教师人格魅力的第一个要素是"主动精神"。"主动精神"首先意味着"创造性地执行"。任何人都需要"执行

力"：在别人需要你做什么事的时候，你立即动身去做。这是一种雷厉风行的习惯。

这里面隐藏了一个问题：当一个人惯于雷厉风行地执行之后，他可能就会"只能执行，不能创造"。我提出一个说法，叫"创造性地执行"。这是我对教师"主动精神"的第一个解释。

教师不仅要执行，而且要对自己的一生负责任，要有"生涯设计"。中小学老师经常让学生写一种作文——"我长大以后干什么"，或者让学生写"我最喜欢什么样的职业"。对于教师来说，类似的提问也是需要的。但是，一般的老师，不可能转换职业，大概你就只能做老师，或者你不太愿意离开这个职业。我所谈的生涯设计，主要是指教师在什么时候让自己有提高、有变化、有自我更新。做教师的人，有一种比较可怕的状态：就是一直重复，看不到变化。没有变化，就意味着没有希望。他的日子过得没有希望，因此而痛苦、不安。他会忽然感觉生活失去了意义。

教师的生涯设计实际上是让自己活在希望中：知道自己明年要干什么，知道自己两年以后大概要干什么。有一个词语，可以为教师的主动精神提供解释，叫"自强不息"。教师必定会遇到困难、障碍，遇到障碍之后，要能够越过。

我在前面讲过《承受苦难》的故事，就是那个天蛾茧的故事。我还讲过《受伤的蜜蜂》。其实，除了天蛾茧和蜜蜂之外，还有一种动物也很可爱，就是蚂蚁。你知道什

么是"蚂蚁精神"吗？它总在走路，它在不断地行走。你把前面的路挡住之后蚂蚁怎么办？蚂蚁很少停在那里思考。蚂蚁很少干这事。蚂蚁会立刻掉头。它掉头后，你又把它的去路挡住了，怎么办？它才不管你呢：开辟另外一个方向。它不断地左冲右突。我们喜欢使用一个比喻——"急得像热锅上的蚂蚁"。很奇怪，人们"着急"的时候，为什么把蚂蚁拿出来说事，并且说成"热锅上的蚂蚁"？热锅上要是放其他的动物，它当然也会爬的，它也会蹦蹦跳跳，或者要冲出去。但是，蚂蚁还是和其他动物不同，它最着急。它是"急性子"。它就是要用自己的行动来拯救自己的命运。它自强不息。这是蚂蚁的第一个特点。它还有另外一个特点，人们也经常谈论，叫作"团队精神"。

蚂蚁很有"团队精神"。据说，火山爆发之后，蚂蚁总是都抱成一团。蚂蚁知道：最外面的一层蚂蚁都会被烧死。但是，它们有一个信念：我们不断地抱团，不断地抱团，外面的被烧死了，里面的会被保存下来。就这样，它们抱成一个蚂蚁球，滚到山坡下面去。当然，这是传说还是事实，我不知道。人们都在议论"蚂蚁抱团"的故事。

这就是蚂蚁精神。这种精神在我看来也是一种"人格"，应该叫"蚂蚁格"。可以把以前我讲的蜜蜂精神叫"蜜蜂格"。它的基本精神是"自强不息"。

关于"自强不息"，我举几个案例。第一个是《同学的差别》。我是在北京的郭振有老师那里第一次听到这个案例的。当时听到这个故事之后，我就到网上寻找，结果找不到。现在，老师们可以在网上找到了，因为我把这个

案例放上去了。我找到了一本书，里面有"同学的差别"这个故事，我就把它放入我的博客里面了。我希望我的博客能够为老师们寻找教育资源提供方便。现在，你要是输入"同学的差别"，你就可以在我的博客上面搜索到这个案例。我对这个故事之所以感兴趣，是因为它就是在讲我们身边的事情。在现实生活中，就有这样的"差别"。比方说，某师范大学的两个毕业生一同来到一个学校。那时他们都差不多。人家都认为你们是"某师大"的毕业生，都是"新来的教师"。人们见到你们之后，都说这是"新老师"，是某师大来的"新老师"。你们两个人的身份是没有差别的"新老师"。但是，不到两个月、三个月，或者不到半年，"差别"就出来了：人们不再叫你"新老师"了，你们的差别太大了。其中一个新老师可能已经开始被周围的同事讨厌，被学生拒绝，被校长"小看"。这个时候，他会有点疑问：我怎么了？我惹谁了？

另外一个新老师就不同了：周围的同事都觉得这个人不错，堪称某师大的毕业生。原来某师大出来的毕业生，还有这样优秀的人。人们会有感叹。学生会喜欢这个老师。校长会赏识、器重他。

在我看来，"主动精神"是教师人格中最重要的品格。当然，教师也可能还需要其他的品格。我把主动精神称为"工作精神"。什么叫有"工作精神"？有工作精神的人往往将"工作条例"扩展成"工作范围"。"条例"是很有意思的一个词。"条"是什么意思？就是一条一条。它是一个线条式的指令。"范围"意味着什么？范围是把这个"线

在我看来，"主动精神"是教师人格中最重要的品格。

条的指令"当作一个半径，围绕一个圆点，画一个圆圈。这个圆圈就是工作范围。校长说："你当班主任吧。"他说："好，我当班主任。"大家都在当班主任，但是，他做这个班主任可能和别人不一样。有什么不一样呢？别的班主任只是维持纪律，像"别里科夫"那样，"千万别出什么乱子"。但是，他做这个班主任就不一样：他为每一个学生都建立了档案。给每一个学生建立档案有什么用呢？当然是有用的。这个老师把"班主任条例"做成了一个"班主任圆圈"。这就是我神往、渴望的一种"工作精神"。

我推荐这个故事——"同学的差别"。这个故事可以视为一则"教育寓言"。我不认为这个故事就一定是真实的。但是，我们可以把那些不真实的教育故事当作"教育寓言"来看待。这个故事显示了人的差别，它显示了人的"工作精神"（"主动精神"）将在多大的程度上决定人的命运。

两个同龄的年轻人同时受雇于一家店铺，并且拿同样的薪水。可是一段时间后，叫阿诺德的那个小伙子青云直上，而那个叫布鲁诺的小伙子却仍在原地踏步。布鲁诺很不满意老板的不公正待遇。终于有一天他到老板那儿发牢骚了。老板一边耐心地听着他的抱怨，一边在心里盘算着怎样向他解释清楚他和阿诺德之间的差别。

"布鲁诺先生，"老板开口说话了，"您现在到集市上去一下，看看今天早上有什么卖的。"布鲁诺从集市上回来向老板汇报说，今早集市上只有一个农民拉了一车土豆在卖。

"有多少？"老板问。

布鲁诺赶快戴上帽子又跑到集市上，然后回来告诉老板一共有 40 袋土豆。

"价格是多少？"布鲁诺又第三次跑到集市上问来了价格。

"好吧，"老板对他说，"现在请您坐到这把椅子上，一句话也不要说，看看别人是怎么做的。"

老板把阿诺德叫来，老板说："您现在到集市上去一下，看看今天早上有什么卖的。"

阿诺德很快就从集市上回来了，向老板汇报说：到现在为止，只有一个农民在卖土豆，一共 40 口袋，价格是多少多少；土豆质量很不错，他带回来了一个让老板看看。这个农民一个钟头以后还会弄来几箱西红柿，据他看价格非常公道。昨天他们铺子的西红柿卖得很快，库存已经不多了。他想这么便宜的西红柿老板肯定会进一些的，所以他不仅带回了一个西红柿做样品，而且还把那个农民也带来了，他现在正在外面等回话呢。

老板转向布鲁诺，说："现在您肯定知道为什么阿诺德的薪水比您高了吧。"

这个故事我本人很感兴趣。我们在工作的时候，总会有人给我们发出指令。生活在指令之中，这是很可怕的事情。但是，没有哪一个人，他能够完全避免不生活在指令中。每一个人，他需要在某个时候服从别人，他也需要在某个时候让别人服从他。所有的生活，都是这个状态。我们在得到别人的指令之后，如何去把这些事情处理好，如

何去执行，这里面会显示人和人之间的差别。这是我们提交的有关"主动精神"的第一个案例。

我再推荐第二个案例。这个案例叫"赐予我控制感吧"。这是华南师范大学迟毓凯博士推荐的一个案例。它是一个心理学实验：

有人做过一个心理学实验：将两只老鼠绑在一起，给它们过电。老鼠当然不愿意，不停挣扎。不过其中一只老鼠无论怎么做也不能逃避电击的痛苦，遭受打击成了它的宿命；而另一只则比较幸运，如果它在挣扎中碰巧用爪子按到了一个开关，电击就会停止。由于两只老鼠是绑在一起的，另外一只老鼠也可以因此借光缓口气。但是，很快电击又会开始，除非再次按下开关，否则折磨将无休无止。但老鼠也是聪明的动物，要不也不会和人类一起生活了这么多年而没有被消灭掉。比较幸运的老鼠很快学会用按动开关来避免电击，而另外那只老鼠，虽然遭受电击的水平相同，但它的幸运只能源于伙伴的行动，自己对电击的痛苦却是无可奈何的。换言之，在两只老鼠中，一只老鼠知道，只要按动按钮，就可以逃避电击；另一只老鼠，对所有的电击没有控制能力，只能听天由命。

最后的结果是：幸运的可以按动开关的那只老鼠在实验之后皮毛依然光滑，胃口也不错，很快从过去的折磨中完全恢复过来了；但另一只，则在放出来之后食欲不振，情绪低落，在很短的时间内便死去了。心理学家得出的结论是：受到折磨的动物死亡原因不是生理上的痛楚，而是无助的情绪和控制感缺乏。

　　如果没有了控制感，人会怎样？心理学家当然不能把人绑上后通过电击来观察。小动物可以借研究之名来虐待，但把人绑起来却是犯法的。然而这个问题也难不倒聪明的心理学家。

　　研究者来到一所养老院，将新来养老院的老人们随机分成两组。一组给予控制感，另外一组不给予控制感。对于前一组，养老院的院长对老人们说，养老院的各项条件虽然不错，但他们个人的生活还要自己来负责，有些生活上的决定还要他们自己作。比如，房间如何布置，电影什么时候放映，等等。最后院长给每位老人一个小礼物——一株小植物或者一个小宠物，要求老人们负责照顾好它们。在另外一组中，院长也向老人们介绍了院里的情况，但只要求他们安心养老即可，其他的事情都不用操心，包括房间如何布置，电影何时放映等等，都由院里来安排。最后也给了他们同样的小礼物，但是，院长强调说，这些植物或者宠物虽然给他们了，但其实根本不用他们自己来照顾，自然有热心的护士来照看。

　　结果呢，比起无控制感的那些老人来，有控制感的老人生活得更快乐更积极，而且，尤为惊人的是，在院长讲话之后的 18 个月中，有控制感的老人有 15% 故去了。相比之下无控制感的老人的死亡率则达到了 30%。

　　（参见迟毓凯：《赐予我控制感吧》，［2006-7-19］［2008-4-10］cersp. com/18893/558141. aspx）

　　有些人做实验比较夸张，实验报告说：有控制感的老人一个都没死，没控制感的老人都死掉了。那人家就不相

信了，这个结果太过分了。心理学实验只给你提供数据，用概率来说话。你看，有控制感的老人，15％死去了；没有控制感的，30％死去了。前面是小规模死亡，后面是大规模死亡。通过这么一种概率，就可以说明一些问题。

这个实验让我们相信："控制感"对于我们是重要的。但是，我们的老师，我们的学生，我们的控制感在哪里呢？

对所有人来说，控制感都是重要的。有些乡村的老人到城市探亲，因为他的孩子在城市里面工作。可是，乡村的老人进城之后，却希望能尽快回乡村。为什么呢？因为老人在城市里不能做主，他不能主宰自己的生活。他在这个地方不能动弹，他没有控制感。回到乡村，那是他的故乡，那是他的精神家园。在那个地方他可以自由地选择，他可以自由地决策。那个地方是他的地盘，他可以做主。

可见，一个人能做主或者不能做主，对他来说是多么的重要。人做事的时候如果完全不能做主，这个人就会"死掉"。你说，奴隶怎么还活着呢？其实，奴隶也可以做主的。奴隶怎么做主呢？奴隶在他的工作范围里面，他怎么做这件事情，是可以做主的。那些无聊的、比较愚昧的主人，才会把奴隶做的所有事情都规定得死死的：先做什么，再做什么，几分钟之后做什么，再过几分钟做什么。如果这样，奴隶就会受不了。一般而言，奴隶在他的工作范围里面是可以做主的。人一旦失去了做主的权利，就完全失去了控制感。这个人将慢慢地萎缩、变形，慢慢地死掉。这是我提供的第二个案例。

接下来我推荐第三个案例。这是《水木清华》的一个片段，是有关清华大学的几个片段。让我们来看看清华大学的校训是怎么来的，清华大学的校训意味着什么。（播放《水木清华》的录像）

我很看重清华大学的校训。第一条，自强不息；第二条，厚德载物。它是引用《周易》里面的一句话。自强不息，暗示男人的性格；厚德载物，暗示女人的性格。当然也没那么绝对：男人的身上有时候需要有女人的性格，女人的身上有时候也需要有男人的性格。每个人都需要这两种性格——自强不息，厚德载物。

凡是能够成就事业的人，无一例外地显示为这个人既自强不息又厚德载物。

有的人在"自强不息"上做得比较好。这个人遇到什么事，他都能够越过。超越它，摆平它，扫除它，这是自强不息的品格。但是，这种人可能缺乏另外一种性格——厚德载物。厚德载物意味着能够宽容，承载重量，忍受委屈。凡是能够成就事业的人，无一例外地显示出这个人既自强不息又厚德载物。自强不息显示的是主动精神，厚德载物显示的是宽容精神。

"主动精神"除了显示为"创造性地执行"和"控制感"之外，还意味着"生涯设计"。

"生涯设计"实际上是说，我们要能够对自己的未来有考虑。有的人一直在为他的未来设计，在生涯设计中更新他的生活，他一直处于"进修"状态：专科变成

本科，本科变成硕士研究生，硕士研究生变成博士研究生。有的人不设计，他永远只在原地踏步。

我看过一个案例，是在魏智渊老师的博客里面看到的。我第一次接触魏智渊老师，就是因为在他的博客里面看到了这篇文章。这篇文章是他转载的。

一个乡村的女老师，她一直生活在一个学校。忽然有一天，她发现她的生活看不到改变的希望。她现在的日子基本上就是她将来的日子。她知道不可能有太多的改变。她觉得这样不行。她要走出去，至少她要能够提升自己的专业。这个老师开始打听。然后去买书，然后开始阅读，准备自学考试。后来，自学考试成功了。被录取之后，她告诉了校长。结果，校长说：你不能去，学校没有先例。我们不需要你去参加自学考试，你就做好现在这样的工作就够了。

这个老师没有想到校长会这样回应她的要求。这个老师想办法，不断地跟校长、跟相关的人恳求，希望他们放她去进修。这个学校就是不答应。这个女老师后来想了一招，这一招很绝。这一招让校长赶紧放她进修去了。

这个女老师是有办法的。第二天，她起来后，不洗脸，不梳头，披头散发，来到学校。见到校长时，这个女老师看着校长，一动不动，直愣愣地盯着他。这个校长非常害怕，赶快逃到了办公室。然后，这个老师回到办公室，对任何老师不看则已，一看就不动了，一动不动地看着这些老师。然后，校长就赶快打电话说："好吧，你去进修去吧。进修是好事。"这个老师就去进修去了。

我当时看了这个故事之后，我想，要是这个女老师是我的姐姐，我一定支持她这样做。有些事情，我们需要用自己的方式去处理，要考虑运用一些技术。只是这种技术不要太过激。我相信总会有办法的。只要我们老师们愿意学习，总会有办法的。学习是我们的权利。

对于做老师的人来说，我一直认为：能够改变我们命运的，只有我们自己。而我们自己能够改变命运的途径，主要是学习。这就是我说的生涯规划。生涯规划就是让自己不断地走到另外一个新的平台上，不让自己在一个圈子里面转来转去。

我曾经跟我的学生说，你们到一个学校之后，第一要安心工作，从现在开始，最好拟定一个职业的志向。你们知道可能这一生，就只能做老师了。如果你现在还没有坚定，赶紧改行。第二，到了学校之后，安心地工作，但并不意味着你必须永远守在那个地方。三到五年之后，最好离开。有人说，按照你这样的建议，那学校不乱套了吗？校长最害怕你这种建议。不是这样的。我说你要离开，不是说你的身体要离开，而是说你在精神上要离开。三到五年之后，你对这个学校基本上熟悉了。熟悉之后，不要让自己陷入进去。你一定要补充、自我更新，你的精神要出差。精神怎么出差呢？精神出差不一定是要坐飞机、轮船、火车。

精神出差最好的方式是读书：去阅读，去观看，你的视野就能够变得开阔。不要在一个圈子里面长久地、默默无闻地、重复性地、机械地待下去。你必须改变、转换。你可能一辈子都在这么一个学校，但是，你的精神要不断地更新、生长。这才是我们要做的事情。你要有自我设计。我觉得做老师的人，最可怕的，不是工作量太大，也不是跟家长闹得不愉快。最可怕的是，重复，看不到希望，对自己的未来没有控制感。

所以，我把生涯设计看得很重要，很重要。它是"自强不息"的一个要素。我写过很多"教育自传"式的文章。我为什么写那些文章？比较多的文章都隐含了"自强不息"这个问题。

我曾经写过一篇文章，叫"狮子的性格"。老师们若看过这篇文章，就知道我最崇拜的动物是狮子。我比较喜欢看的电视节目，就是"狂野周末"。你看，狮子、老虎在追赶、捕获猎物的时候，那种状态很美。可能有人会对我这种选择很反感，有人会说：你只想到老虎追赶兔子是美丽的，你想过兔子的命运了没有？这是个复杂的问题，我只能提供简单的解释：这个世界基本上是优胜劣汰，适者生存。基本上是这样。人强大到一定的程度的时候，他就会有一种扩张。如果你认为老虎不应该吃兔子，那么，我们人现在在吃什么？你可能认为人应该吃素，可是，植物也有生命，你想过没有？你吃一根黄瓜，黄瓜也是一条生命，你想过没有？这样追问的结果是，人没法活了，干脆绝食吧。

精神出差最好的方式是读书：去阅读，去观看，你的视野就能够变得开阔。

我看狮子、老虎追赶猎物的时候，我看到的是：第一，狮子、老虎追赶的姿态很美丽；第二，还有一种美丽——兔子的美丽。兔子为了不被老虎吃掉，它也在不断地奔跑。有一次我看到"狂野周末"里面有一个镜头：狮子选好了猎物，追上去。它的猎物是一只梅花鹿。按说，梅花鹿是跑不快的，它一旦被狮子盯上了，就很难逃脱。但是，那只梅花鹿逃过了。后来，狮子很绝望地站在那个地方。我当时就想，狮子啊狮子，你也有今天。

你看，自然界就是这样的：不断地追赶他者，他者也在不断地拒绝。无论是追赶者还是拒绝者，都显示出它的生命的力量感。我把它叫作自强不息。

没有人能帮助你，你能够做的事情，就是不断地奔跑。我写《狮子的性格》时，在最后引用了一句话，就是德国人尼采的那句话。尼采说："一口好牙，和一个强健的胃，这就是我对你全部的期待。"什么样的人是真正的有力量感、有超越感的人？尼采说，很简单，第一，要有一口好牙，最好都能够把玻璃咬碎；第二，一个健康的胃，把玻璃咬碎之后，吞下去，把它消化掉。我不希望老师们听了我的讲座之后，回去就吃玻璃。我不是这个意思。我是说，你遇到困难后，要用你的意志力把它咬碎，要用你能够承载重量的品格把它消化掉。不要遇到一点点障碍，就不断地抱怨。

无论是追赶者还是拒绝者，都显示出它的生命的力量感。我把它叫作自强不息。

这是我所理解的主动精神。任何人要生存，他都必须凭借自己的力量，去主动地生长。没有人能够帮助他，只有自己才能拯救自己。解释了"主动精神"之后，我们进入另外一个主题，叫乐观心态。

乐观心态

乐观心态与主动精神是两个相辅相成的品格。主动的人往往比较乐观。如果不乐观，就很难主动。

教师的乐观精神主要包括宽容精神、赏识意识和有激情地生活。宽容精神是一种"人不知而不愠"的修养，这样的人不会喋喋不休地抱怨。赏识意识是对他人表达真诚的认可和尊重。激情并非简单的生理现象，它主要显示为一个人的精神状况。

先讨论"乐观"的第一个品格——"宽容"。

我推荐的第一个有关"宽容"的案例是"曹操和袁绍的差别"。

三国时期，袁绍（字本初）决定出兵攻打曹操时，谋士田丰认为时机不成熟，劝他不要出兵。但是，袁绍刚愎自用，不听良言，一怒之下把田丰下狱。

当袁绍失败的消息传到后方时，狱吏高兴地告诉田丰，说："主公由于不听先生之劝，结果打了败仗，证明先生的意见是正确的，这下您可以出狱了。"

田丰听了这个消息后却说："我的死期到了。"

狱吏不明就里，田丰向他解释道："主公如果打了胜

> 宽容精神是一种"人不知而不愠"的修养。

仗，还可能借机赦免我；如果打了败仗，他会觉得无脸见我，羞愧之下，肯定会拿我出气。"

果不出田丰所料，袁绍一回到老巢邺城，在别人的挑拨下，就气急败坏地下令把田丰杀了。

曹操获胜之后，将所得金宝缎匹，给赏军士。军士在图书中检出书信一束，都是曹操部下的人与袁绍暗通之书。曹操左右的人提议："可逐一点对姓名，收而杀之。"曹操说："当绍之强，孤亦不能自保，况他人乎？"遂命尽焚之，更不再问。

你看，曹操的这个做法，足以让那些写了信的人向曹操效忠：今生今世，我永远是你曹公的人。曹操就是会收买人心。曹操收买人心是有绝招的。

除了曹操之外，刘备也会收买人心，刘备收买人心也有绝招。你知道刘备的绝招是什么吗？就是摔孩子，而且哭着摔孩子。他把阿斗接过来，然后突然摔到地上，说："小子，好险，差点折损我一员大将！"赵云赶紧拜在地上，说："主公不要这样，我肝脑涂地，为三公效命。"刘备这一摔呀，赵云就跟着他，一生一世，永不变心。诸葛亮用兵的时候，对谁都不大相信，唯独最相信一个人，就是赵云。诸葛亮知道，刘备曾经为赵云摔过孩子的。

让我们再来看看另外一个有关宽容的案例——《楚王断缨》：

有一日，楚庄王兴致大发，要大宴群臣。自中午一直喝到日落西山。楚庄王又命点上蜡烛继续喝。群臣们越喝兴致越浓。忽然间，起了一阵大风，将屋内蜡烛全部吹灭。此时，一位喝得半醉的武将乘灯灭之际，搂抱了楚庄王的妃子。妃子慌忙反抗之际，折断了那位武将的帽缨，然后大声喊道："大王，有人借灭灯之机，调戏侮辱我，我已将那人的帽缨折断，快快将蜡烛点上，看谁的帽缨折断了，便知是谁。"

正当众人忙着准备点灯时，楚庄王高声喊道："今日欢聚，不折断帽缨就不算尽兴。现在大家都把帽缨折断，谁不折断就是对我的不忠，然后我们大家痛饮一番。"

等大家都把帽缨折断以后，才重新将蜡烛点上，大家尽兴痛饮，愉快而散。此后，那位失礼的武将对楚庄王感恩不尽，暗下决心，自己的人头就是楚庄王的，为楚庄王而活着，对楚庄王忠心耿耿，万死不辞。后来，在一次生命危急关头，就是那位失礼的武将，拼着性命救出了楚庄王。楚庄王以一时的忍让原谅，换取了自己的一条性命。

这两个案例大体上能够让我们明白，曹操与袁绍，何以一个失败，一个成功。袁绍多疑，并且不宽容；曹操也多疑，但是他宽容。宽容决定了一个人能够干什么，也决定了一个人不能够干什么。有些做老师的人，他做老师做得不错，但他的问题就是不宽容，很不宽容。

我最近专门写过一篇文章，就是《挤牙膏的故事》。

在这篇文章里面，我讲了一些丈夫和太太为"挤牙膏"而吵架的故事：

有一位女士，她要求丈夫挤牙膏的时候，必须从下面往上面挤。丈夫挤牙膏时，总是习惯捏住中间，牙膏往两头跑。她就不干，她说：要从下面主上面挤牙膏，那样，这个牙膏可以保持一个很好的体型。

我曾经发誓，我要是结婚了，我一定要买两支牙膏，那就不会吵架了嘛。可是，结婚以后，我家里也总是只买一支牙膏。我们的问题是：我太太挤牙膏总是在中间一捏，牙膏往两头跑；我是从下面往上面捏。有一段时间，我经常出差。回家之后，第一件事情，就是重新把牙膏捏还原。我总觉得那样看起来会更顺眼一点。后来，我才知道：简直是毛病！别人就喜欢那样，你怎么就一定要改正别人的生活习惯呢。

有些班主任，他的管理手段不错，但是，就是不宽容。所以，我一直建议那些校长们：不要让那些不宽容的老师当班主任，否则，他们会把这班里的学生折磨成程度不同的神经病患者。

接下来，我们讨论有关宽容的第二个品格——"赏识"。

我推荐的有关"赏识"的案例是《人性的弱点》。美国成人教育家卡耐基写过一本书——《人性的弱点》。卡耐基这个人值得关注。他写了那么多的书，

遗憾的是，在中国的教育界，他好像没有什么地位。中国研究教育理论的人，好像对这本书不太看得上。我本人在 1992 年第一次看到这本书。当时我非常受震动。我的第一个感觉就是：美国人怎么也跟中国人一样，那么容易受委屈，他们也有那么多的虚荣心，他们也那么渴望得到别人赏识？我以为只有中国人才这样呢。

卡耐基是怎么说的？比如，他说："世界上最美的声音，就是在人群中听到有人很愉快地喊出自己的姓名。"是不是这样的？老师们，如果在人群中忽然有个人很愉快地喊你的姓名，你一定会感觉：啊，那是最美好的声音。

比如，卡耐基说：你要学会赏识别人，要真诚地赏识别人。因为人在内心深处总是渴望得到别人的赏识。你对一个女人说："你今天看上去真漂亮！"她即使嘴上说："神经病啊！"但在心里面感觉很开心。这是人性的弱点：每个人都渴望得到他人的赏识。

卡耐基的这本书，我觉得写得好。我希望老师们把这本书买来看看。我个人认为，在中国，最严重的问题是缺乏成人教育。大家都重视中小学教育、大学本科教育、研究生教育。我们想过没有，成人同样需要教育？他们对教育需要的程度可能更强烈。某个成人如果过得不好，他就需要改变自己的命运。这时候，需要有人能够给他提供相关的教育资源。我个人认为，卡耐基的《人性的弱点》是我看到的最优秀的"成人教育读物"之一。卡耐基的《人性的弱点》和《人性的优点》，都是优秀的成人读物。我

如果在人群中忽然有个人很愉快地喊你的姓名，你一定会感觉：啊，那是最美好的声音。

在卡耐基的书里面学到了很多有关"乐观"的技艺。比如，他说：不要忧虑！怎么能够做到不忧虑呢？他说：很简单嘛，把你忧虑的事情全部写下来。然后，你看哪些事情是可以立刻处理掉的。如果有这样的事情，现在，你立刻去把它处理掉，今天就把它们处理掉。当然，你也可以看看有哪些事情是根本没法处理的。既然根本就没法处理，你还担心什么呢？你忧虑也没用。既然没法处理，别去想它了。

我觉得卡耐基的这些策略很管用。我现在学会了一些卡耐基推荐的策略。有时候事情太多——一天有那么多的事情要去做，我就把这些事情做一个排序：把最简单的事情排在第一位，做完之后，就打一个钩，把它勾销掉。这样下去，事情就会越来越少。

《人性的弱点》里面讲了很多类似的技艺。老师们可以自己去看这本书。这本书的核心观点是：每个人都渴望得到别人的赏识。你不要指望你的批评就能够让别人发生改变。批评解决不了什么问题，批评只能给别人带来愤怒。真正能够解决问题的是：看到别人的优点，并给予赏识。

请记住：渴望赏识是人性的弱点，也是人性的优点。在日常生活中，人们无一例外都渴望得到别人的赏识。关于"赏识"，我推荐一个案例。

美国心理学家詹姆斯在哈佛大学任教时，班上的女学生在一次聚会上献给他一盆杜鹃花。詹姆斯深受感动，写了一封答谢信。他说"人性最深刻的原则是渴望得到赏

> 请记住：渴望赏识是人性的弱点，也是人性的优点。在日常生活中，人们无一例外都渴望得到别人的赏识。

识":①

亲爱的姑娘们：

你们的纪念品使我深受感动。这还是我有生以来第一次有人对我这么好，因此你们完全可以相信：你们给这个孤苦伶仃的人心上留下的印象，要比哲学这门课程的全部教学内容在你们头脑中留下的印象深刻得多。现在我认识到我的《心理学》这本书中遗漏了一项重要的内容，即人性最深刻的原则是渴望得到赏识，而我在书中却把这一点完全漏掉了，原因是我的这种欲望直到如今才得以满足。……我将不分冬夏地照料它，为它浇水——哪怕是用我的眼泪呢。

教育心理学积累了一些经典的案例，"期望效应"算是其中之一。现在几乎所有的心理学和教育学教材都不会忘记，一定要在某个章节谈一谈"期望效应"或者"皮格马利翁效应"：②

罗森塔尔（Rosenthal）和他的助手在 1964—1966 年间做过一项实验研究。他们选择一所学校作为实验学校，让几百名学生参加智力测验，然后从中随机抽取了 20％的学生。他们告诉教师说，这些学生是测验成绩最高的，因此是最有培养前途的。一年以后，他们又对这几百名学生

---

① 〔美〕詹姆斯著，黄继忠译：《致学生书》，转引自严凌君主编：《成长的岁月》（第一卷），商务印书馆 2003 年版，第 218 页。
② 〔美〕罗森塔尔、雅各布森著，唐晓杰等译：《课堂中的皮格马利翁——教师期望与学生智力发展》，人民教育出版社 1998 年版，第 65—104 页。

进行了测验。统计分析表明，上述 20% 的学生其平均成绩明显高于其余的学生。

各位老师可能都听过这个案例。可是，各位，你在你的课堂里面做到这个"期望效应"了吗？如果你在你的班级里做到了"期望效应"，你在家里对你的爱人、孩子做到了吗？有些老师很奇怪，他在学校还愿意赏识他的学生，但是，回到家里之后，怎么看他的爱人、孩子都不顺眼。

这需要改变。怎么改变呢？很简单嘛，赏识能够改变世界。我再推荐一个案例。这个案例是中央电视台节目主持人崔永元写的一个故事。你去看看这个故事，你会发现：对学生来说，老师的赏识意味着什么，一个老师的批评会给学生带来什么样的灾难。

王老师教语文，也是班主任。

我的第一篇作文被王老师大加赞赏，她尤其欣赏这一句：运动员像离弦的箭一样……

后来才知道，这不过是个套路而已。

但是如果不是赞扬，而是一顿批评呢？

孩子的自信心通常是被夸奖出来的。

……

王老师教了我一年，移交给下一任老师时，她的评语是，该生至今未发现有任何缺点。这为下一任老师修理我留下了把柄。

这位年轻力壮的女老师一接手，就咬着牙根对我说，听说你红得发紫，这回我给你正正颜色。

我倒也配合，大概是到了发育的年龄，我整天想入非非，经常盯着黑板发愣。数学老师把教鞭指向右边又指向左边，全班同学的头都左右摇摆，只有我岿然不动。于是她掰了一小段粉笔，准确无误地砸在我脸上。

数学老师说，你把全班学生的脸都丢尽了。

嗷，全班一片欢呼，几个后进生张开双臂，欢迎我加入他们的队伍。

从此我数学一落千丈，患上了数学恐惧症。

高考结束，我的第一个念头是，从此再不和数学打交道了。

38 岁生日前一天，我从噩梦中醒来，心狂跳不止，刚才又梦见数学考试了。水池有一个进水管，5 小时可注满，池底有一个出水管，8 小时可以放完满池的水。如果同时开进水管和出水管，那么多少小时可以把空池注满？

呸，神经吧，你到底想注水还是想放水？

我个人遇到这样的题目就立刻有眩晕感。我头晕的原因不是担心注水还是放水的问题，无论注水还是放水我都同意，我只是不知道老师说“一个水池里的水可以用 1 来表示”是什么意思。我也不知道现在我的同龄人有多少人能够解答这道题。我曾经问一位朋友怎样解这道题。他说：这还不简单？1/5 减 1/8 不就可以了吗？我当时很惭愧，那么简单的问题，竟然折磨了我 20 多年。可是，回家之后，我忽然发现 1/5 减 1/8 不对劲，凭直觉就知道那个答案不对。后来再请教某个数学老师，他告诉我，1/5 减 1/8 只对了一半，还差一个步骤。这道题看来并不简单。

有一天我去自由市场买西瓜,人们用手指指点点,这不是"实话实说"吗。我停在一个西瓜摊前,小贩乐得眉开眼笑,崔哥,我给你挑一个大的。一共是7斤6两4,一斤是1块1毛5,崔哥,你说是多少钱?

我忽然失去控制,大吼一声,少废话!

这道题其实并不难,难的是这个崔哥没有学过"新课程"。传统的数学无一例外地追求严密、精确;"新课程"的数学强调大众数学、生活数学并由此而重视"估算"。你看,把7斤6两4看作8斤,把1块1毛5看作1块1,不就是8块8左右嘛。福建师范大学的一位教授曾经跟我抱怨说"最烦到菜市场去买菜"。我问为什么,他说"算不清楚。总担心被小商贩骗了"。我说我从来不担心这个问题。他说"我现在也不担心了,我想了一个好办法"。我问他有什么好办法。他竟然说:"每次我冲进菜市场,一边走一边喊:萝卜1斤,白菜1斤,排骨1斤。然后再倒回来给他们钱。"我问:"为什么都买1斤?"这位教授说:"好算账!"我很惊讶,我知道我是不会用他的这个办法的。我买菜的时候问:"白菜怎么卖?"那人说:"1块9。"我就再问:"能不能2块钱1斤?"那些卖白菜的人总是像观看精神病人似的看着我,然后说:"可以!"

崔永元总结说:

对我来说,数学是疮疤,数学是泪痕,数学是老寒腿,数学是类风湿,数学是股骨头坏死,数学是心肌缺血,数学是中风……

当数学是灾难时，它什么都是，就不是数学。

所以我请求各位师长手下留情，您不经意的一句话、一个举动或许会了断学生的一门心思，让他的生命走廊中少开一扇窗户。

崔永元后来有个说法。他说：我后来为什么喜欢语文呢？与那个语文老师有关。那为什么害怕数学呢？与那个数学老师有关。

这个案例在很多地方流传。我也让很多中小学老师写自己的教育故事。

我自己也写过类似的教育故事。我的老师是怎么折磨我的？我把它写出来。我这样写的目的，不是为了记恨哪一个老师，我是期望现在的老师们能够真正地赏识他的孩子，赏识他的学生。

各位老师可以到我的博客上下载这篇文章。这篇文章叫作"赏识还是训斥"，相关的文章叫作"影响我的重要他人"。我一直建议老师们写自己的"教育自传"。为了提供一个"教育自传"样式，我自己就开始回忆我的老师是怎么教我的，写成系列"教育自传"。在写教育自传的过程中，我得出一个结论：一个人要是在他的一生中没有遇到过几个好老师，他这一生就基本上没有希望了。这个人的一生要是从来没有遇到过任何一个好老师，他进入社会之后，他的存在本身就是一种危险。一个孩子如果在他的一生中，遇到了一个或几个好老师，这个孩子以后无论怎么坏，他也一定坏不到哪里去。因为，他在做坏事的某一瞬间，他会忽然有一个闪念，他会想起自己的某位老师，

> 一个人要是在他的一生中没有遇到过几个好老师，他这一生就基本上没有希望了。

他可能会因此把手缩回去。我把这样的老师叫作"影响我的重要他人"。

每个人的成长，总会受他人的影响。有些人的影响不怎么重要，是不怎么重要的他人；有些人的影响很重要，是"重要他人"。

"重要他人"可能是自己的父母、爱人或朋友，也可能是一个或几个老师。

就老师来说，也并不是所有的老师都是影响学生的"重要他人"。能够对学生的成长发生积极的重要影响的，往往是那些善于鼓励、赏识、宽容学生的老师。

在我的成长过程中，我遇到过不少"重要他人"。尤其在我遭遇"成长危险"的时候，这些"重要他人"把我从艰难中"拯救"出来。

小学的胡老师，是第一位帮助我的重要他人。

小学三年级以前，我的成绩很糟糕，属于老师心目中的四个笨蛋之一。

我在小学三年级读了两年。这是我人生中的第一次留级，也是最后一次留级。

被通知"留级"的感觉很糟，在周围的同学看来，几乎就是被"判刑"。后来看到报纸上报道某人被"判刑"一年，我立刻就想起"留级"这个词。

好像是在"散学典礼"后，一位姓赵的老师通知我"留级"；也可能是放假一个星期后，接到"成绩单"时，上面显示的结论是"留级"。有些细节我忘记了，但有一点我可以确定：得到通知的那天下了很大的雨。那年夏

天家乡连续下雨，四处都是雨水。那天我是淋着雨水回家的。别的同学都把凳子搬回家了，我没有拿我的凳子。大概是因为心情不好，没心思去搬那张凳子。（后来一位朋友提醒我说：你怎么也那么俗气——你心情不好，天就开始下雨？我申辩说那天真的下雨了啊。他不信。现在电影、电视里面下雨的场景多了，弄得真下雨也成假的了。）

那张凳子是由一个大树桩做成的，用油漆漆成黄色，很结实。大树桩是父亲在屋后的菜园里挖出来的，然后拿到村里的张师傅（村里最有名的木匠）家请他做成凳子。在一个割麦子的季节，父亲从张师傅家里搬回那张凳子。我走过去，凳子差不多齐我的肩膀。

父亲说："你下次上学时，就用这张凳子。"

那张凳子显然是全校最漂亮的凳子。我父亲知道我在学校地位不高，属"差生"。家里"成分"不好，整个家庭在村里的地位就很低，父亲由此差不多就可以判断我在学校的日子不会好过。我猜想父亲大概是希望用一张漂亮的凳子来提高他的儿子在学校的地位。

可惜，那张凳子我只用了不到半年的时间。那年"留级"时，我把那张凳子也一同留在了那间教室。后来就再也没有见到那张凳子了。

我回家后，父亲虽然没怎么骂我，但那年我一直有一种很沉重的失败感。

直到第二个三年级的某一天，我忽然成了班上的英雄人物。

究竟发生了什么事呢？那天我们的数学老师去了亲戚家，学校的胡老师临时作为代课老师走进了我们的教室里。

胡老师是我的邻居。我们两家关系说不上好，但好像也不怎么差。

在那节课上，胡老师猛烈地鼓励我、赞赏我。（这可能是湖北人的毛病：湖北人一旦喜欢某个人，就猛烈地喜欢他。）

我呢，就开始猛烈地喜欢胡老师的样子，喜欢胡老师的数学课。

那天放学后，胡老师让我检查其他同学的作业，凡是经过我检查合格的，就可以回家；如果不合格，就留下来更正（你知道什么叫作"农奴翻身"吗）。那天晚上我把很多同学留在了教室（这叫"小人得志便猖狂"）。

几个星期后，胡老师推荐我参加全镇小学生数学竞赛。事先我并不知道这事，那天早晨我上学迟到了，没赶上出发的时间，远远地看见胡老师骑车带着两个学生离开了村庄。当时听说胡老师推荐了我，因为等不及了，才临时换了一个人。我心里虽然将信将疑，但莫名其妙地兴奋了整整一天。直到今天我都坚持：所谓好老师，就是能够让他的学生莫名其妙地兴奋整整一天的人；所谓坏老师，就是每隔一段时间总是让他的学生莫名其妙地痛苦整整一天的人。

自从遇上了胡老师，我后来的小学生活一路阳光。考上大学后，每年回湖北老家，我都想去拜访胡老师。当

然，至今也没怎么去拜访过。后来总结出一条教育口号：你要是觉得哪个人对你好，你应该在第一时间勇敢地表达你对他的感激。哪怕是肉麻，也让他去麻吧。

我相信，当学生陷入自卑的深渊时，教育要么成为折磨虐待、落井下石的别名，要么成为拯救落难、维护尊严的义举。在我的人生道路上，胡老师是拯救、维护过我的人。长期以来，我对胡老师一直心怀感激，直到今天，只要遇到姓胡的人，我立刻就有好感。后来喜欢读胡适的书，敬仰胡适的人格魅力，潜意识里可能与胡老师有关。我一直认为中国近现代一百多年以来，鲁迅和胡适两个可以并列成为后人尊敬的学者和思想家。我曾经到北大校园，看到那么多的雕像，也找到了鲁迅的雕像，但是就是没有找到胡适的雕像，很失望。后来才知道，北大校长可能有想法，不愿意给胡适树立雕像。当时在北大我就发誓，我要是做了北大校长，第一件事，就是给胡适竖个雕像，并且这个雕像就在鲁迅的对面，让他们你看我，我看你。

可惜，我这一生是没有这个希望了。

胡老师并没有长时间地教我，但他对我发生了长久的影响。我想说的是：对孩子的成长来说，赏识是多么重要。

我给老师们推荐一部录像，叫"赏识你的孩子"。这是周弘老师作的一个报告。请老师们去看看这部录像。周弘老师在"赏识你的孩子"的讲座中，讲述了大量关于"差生"的故事。比如，差生总是和差生在一起玩，很少

你要是觉得哪个人对你好，你应该在第一时间勇敢地表达你对他的感激。

和学习好的同学玩。差生被人瞧不起，但差生和差生之间相互尊重，大家都有"本是一条根，都是受苦人"的归属感。老师对成绩好的同学另眼相看，于是差生约定暗号：不管老师批评谁，另一个孩子都咳嗽一声，提醒对方不要伤心，还有我呢，我看得起你！

这些故事在书中比比皆是。相关的资料也可以参阅《赏识你的孩子》（周弘著，四川少年儿童出版社 2000 年版）。

关于"赏识"，我的解释就这么多。我对"乐观心态"的解释是：第一，学会宽容；第二，不仅宽容，而且赏识。宽容与赏识一起构成我所理解的"乐观心态"。

生活情趣

什么是生活情趣？我给老师们推荐孔庆东老师写的一篇文章，叫作"遥远的高三·八"。这篇文章在很多地方都在流传。老师们如果感兴趣，可以到网上去寻找完整的版本。我建议老师们看看孔庆东老师怎么写他的学生生活的。在这篇文章中，我们也可以看到一个班主任对学生有多大的影响。

文科班存在的时间不到两年，但在同学的记忆中，却俨然是一个完整的阶段。那是因为我们班不仅集中了全年级的大量精英，而且发生了数不清的趣谈逸事。

首先是干部严重过剩。当过班长和团支书的足够组成一个政治局，班委和课代表俯拾即是。班主任左平衡，右

解释，总算草草委任了一届内阁。我们班主任教语文，四十多岁，长得很像那时的影星颜世魁，一张黑脸上布满杀气，永远穿着一身黑色中山装和一双黑皮鞋，拿着一本黑教案，我们管他叫老魁，管他上课叫"黑手高悬霸主鞭"。我跟老魁说，我在初中当过学生会主席，领导这个班，没问题。老魁一摆黑手，你啥也别当，就给我当语文课代表，有事儿我直接找你。后来我才明白老魁的用意，并由此悟得了许多统治之道。10年后我也在北京一个中学当过一年班主任，也是让最可靠的学生当语文课代表。其实老魁很少找我，可我们班同学，尤其是女生，都造谣说老魁待我像亲儿子。我说老魁从未表扬过我，而且还批评过我，都没用。现在回想起来，才明白老魁在重大事情上都是依靠我的，只是感情不外露而已。

文科班虽然内阁整齐，人才滚滚，但班级的实际权力机构，或者说权力核心，是"十三棍僧"。那时电影《少林寺》风靡一时，我们班五十多人，却只有十二个男生，于是加上老魁，就号称"十三棍僧"。别看男生只有十二个，却有六个的成绩排在前十名。即使成绩排在后面的，也各有神通。比如班长田风，英俊倜傥，聪明绝顶，具有极强的组织领导能力，待人谦和仁义，办事成熟老练，文艺体育都是能手，口才又极佳，看过一部电影，他可以从头到尾讲得跌宕起伏，大家都很佩服他。可不知为什么，他的成绩总不见提高，也许是一个人太多才了，对命运就缺乏危机感，区区分数也就不大放在眼里了。

　　我们十二个男生，一半坐窗下，一半坐在后边。每天嬉笑吵闹，令女生十分痛恨。班里的大事小情，都由男生说了算。其实三十九名女生里头也人才济济，但女生一多，就好比鸡多不下蛋，谁也不服谁，谁也甭想出头，干脆乐得让这帮傻小子领导，自己正好安心学习——我估计这就是母系社会垮台的根源。可是学习这东西很邪门，不专心学不好，太专心也学不好。众女生成天心不旁骛，出来进去手不离书，口中念念有词，一脸三贞九烈的样子，却大多数事倍功半。比如团支书刘天越，从来不抓团的工作，一大早来到教室，就粘在座位上一动不动，下课也不出去，吃午饭时，她的同桌赵静把饭盒放到她面前，满满一大盒饭菜，她居然吃得一粒不剩，可见她的蛋白质消耗是够大的。我们那时男女生之间相敬如宾，很少直接说与学习无关的话。我和同桌肖麟与她们相隔一个过道，经常旁敲侧击，冷嘲热讽。我对肖麟说："看，又吃了一槽子。"肖麟说："已经一上午没出窝了。"刘天越听了，只是低头窃笑，继续背书。可她如此用功，也只能在女生里排进前五名，不具备领导男生的威望。这些该死的男生，上课说话，自习吵闹，一下课就跑出去翻单杠、扔铅球，可是学习就是棒，见解就是高，办事就是灵，而且老师们还喜欢。真不知上帝是怎么安排的。

　　你知道上帝是怎么安排的吗？很简单：教师让自己有欢乐感，然后，他也能够让他的学生有欢乐感。

　　我建议，老师们，在学习的时候，无论如何，要让自己有欢乐感。欢乐感从哪里来呢？我们提几条建议：

第一，过有情趣的生活。

第二，生活在爱与被爱的生活中。一定要爱别人，同时也被别人爱。

第三，生活在自己的作品中。我们的作品是什么呢？你上好一堂课，你有一个好学生，你今天把一件事情做成，这就是你的作品。

其中，过有情趣的生活最难。最有情趣的是哪一些人呢？你可以想象一下：《西游记》里面最有情趣的是谁呢？当然是猪八戒。最没情趣的是谁啊？最没情趣的是唐僧。整天就想着仁义道德，整天就想着你要是折腾我就给你念紧箍咒。最聪明的是谁？是孙悟空。最任劳任怨的是谁啊？是沙僧。你看，德、智、体、美、劳，在《西游记》里面比较完整地显示了出来。白龙马代表体育。

其实，这五个角色是一个人的五种美德。《西游记》分别用五个男人来表达这五种美德。德——唐僧，智——孙悟空，体——白龙马。美，是谁呀？猪八戒。你说，猪八戒还美呢？那个样子，难看。你知道什么叫美吗？有情趣，长得可爱，就是美。你别看那个肚子不好看。可是，肚子大意味着什么？他好吃嘛。一个人要是不好吃，还有什么好活的？猪八戒，你看他眼睛色迷迷的，他就是这样，只要看到一位美女，无论这个美女是不是妖怪，都喜欢。这个孙悟空太无聊了，他只有智慧，只要是妖怪，无论你多么美，我一定要把你打死。有时候，智慧会对生活情趣构成破坏。它让人过得不好。最善于过日子的是猪八戒。曾经有电视台记者作过一个调查。记者的提问是：

我们的作品是什么呢？你上好一堂课，你有一个好学生，你今天把一件事情做成，这就是你的作品。

《西游记》中的人物，你最喜欢谁？普遍的结论是：小孩最喜欢孙悟空，妇女最喜欢猪八戒。为什么喜欢猪八戒？第一，他好吃，基本上也没吃饱过，也因此一直好吃，他有好吃的欲望。这种人比较可爱。第二，好色，基本上处于犯罪未遂的状态。他也不会对你怎么样，他就是喜欢你嘛。

我只有一个期望，希望我们的老师们考虑：所谓"教师成长"，第一个是生长智慧，第二个是增加快乐。让我们变得越来越开心、快乐。

第五讲 怎样通过行动研究促进教师专业成长？

各位，我们开始讨论第五个专题：如何成为受学生欢迎的老师？或者说：如何通过行动研究来促进教师的专业成长？

教师的行动研究具体包括三个要素：第一，教师学习；第二，教师行动；第三，教师发表。在教师学习、教师行动、教师发表三个要素中，教师行动是最关键的要素，但教师行动必须有一个"前因后果"，否则，教师行动就做不下去。"前因"是"教师学习"，"后果"是"教师发表"。如果没有教师学习，教师就不可能获得发现问题和解决问题的眼光，教师的行动研究将不会启动。如果

没有教师发表，教师就不可能获得他人的建议和意见，行动研究也就不会走得太远。

教师学习

当教师遇到困难的时候，当然可以通过自我反思的方式来解决相关的问题。只是有时候，教师仅仅凭借个人的经验，并不能解决问题。当教师凭借个人经验无法解决问题时，教师需要获得他人的经验和智慧的支持。他人的经验和智慧往往保存在专家、书本或图像中。教师可以通过拜师、阅读和研修等方式获得专业支持。

人类的学习往往始于模仿，拜师实际上是一种模仿的经历。模仿往往局限于临近的智慧。除了临近的智慧之外，尚有一种远古的智慧。阅读使人对远古的智慧的领会与借鉴成为可能。这种阅读既包括"读书"，也包括"读图"，比如观看教育电影、教育录像。

首先说"教师拜师"。

闻道有先后，术业有专攻，专业水平和业余水平是有差距的。如果教师不具有专业水平，他可以谦虚地向专家请教。

教育领域的专家并非仅限于那些大学的教授或研究机构的专业研究人员。就某个学科教学而言，真正受欢迎的专家往往是那些"教研员"或学校的"骨干教师"、"学科带头人"。

专家的建议是重要的，而且那些重要的建议往往以非

语言的、"师傅带徒弟"的方式表达出来。

　　教师的成长可以有多种途径，但教师的职业特点决定了教师的学习大量地充满默会知识和隐性学习。"师傅带徒弟"是传统而有效的"隐性学习"。

　　教师的成长可以有途径，但教师的职业特点决定了教师的学习大量地充满默会知识和隐性学习。

　　很少有人怀疑"师傅带徒弟"的意义，不过，真正愿意拜师的人也不会太多。为什么那么多人不愿意谦虚地"拜师"？韩愈早就窥见其中的秘密，以《师说》[①] 发出绝唱：

　　　　古之学者必有师。师者，所以传道授业解惑也。人非生而知之者，孰能无惑？惑而不从师，其为惑也，终不解矣。生乎吾前，其闻道也固先乎吾，吾从而师之；生乎吾后，其闻道也亦先乎吾，吾从而师之。吾师道也，夫庸知其年之先后生于吾乎？是故无贵无贱，无长无少，道之所存，师之所存也。

　　　　嗟乎！师道之不传也久矣！欲人之无惑也难矣！古之圣人，其出人也远矣，犹且从师而问焉；今之众人，其下圣人也亦远矣，而耻学于师。是故圣益圣，愚益愚；圣人之所以为圣，愚人之所以为愚，其皆出于此乎！

　　　　爱其子，择师而教之；于其身也，则耻师焉，惑矣！彼童子之师，授之书而习其句读者也，非吾所谓传其道解其惑者也。句读之不知，惑之不解，或师焉，或不焉，小学而大遗，吾未见其明也。

---

　　① 杨金鼎主编：《古文观止全译》，安徽教育出版社 1984 年版，第 657—658 页。

韩愈在这里提出一个现象，对"教师成长"这个主题很有意义："爱其子，择师而教之；于其身也，则耻师焉"。相似的现象是：老师鼓动学生拜师学习，而老师自己却耻于向他人学习。

再说"教师阅读"。

中小学教师总是很忙，忙得几乎没有了读书的时间。教师曾经是"读书人"，一旦做了教师之后，却很少有人还在延续"读书"的生活习惯和保持"读书人"的身份。

不过，总是有人在坚持阅读。这是整个教师群体的希望。

好老师之所以好，有多种因素在起作用；坏老师之所以坏，也有多种因素在起作用。虽然偶尔会出现一些令人尴尬的现象：某个教师酷爱读书，但这个教师上课效果比较差劲，但是，总体上看，一个喜欢读书的老师，更有可能成为受学生欢迎的老师。

除了"读书"之外，教师也应该有一些基本的"读图"。可阅读的图像至少包括"教育电影"、"教育电视"、"教育录像"。

"书"与"图"各有自己的优势。对于某些教师来说，"教育图像"较之"教育名著"可能更具有"可读性"。但是，书本也有它的可爱之处：图像虽然显得形象直观，图像也因此对读者构成某种强迫，它带有强迫的审美方式；书本虽然不如图像形象直观，这种缺乏形象和直观的书本却能够为读者留出想象的空间。所以，读了《三国演义》、《水浒传》、《西游记》、《红楼梦》等原著的读者，再去观

看《三国演义》、《水浒传》、《西游记》、《红楼梦》等电视剧时，可能会感觉不适应，甚至愤怒。

接下来说"教师研修"。

除了拜师与阅读之外，也可以选择正式的学历教育。正式的学历教育常常遭受形式化的指责，但正式的教育也有它的可爱之处，比如，它让人拥有一个适合学习的环境，这个地方往往是环境优美的大学；它让人可以倾听系统的讲座，在听讲座的过程中可能会遇到某个"大师"。正式的学历教育的这些好处也导致人才评价标准的制定。人才的评价标准之所以常常看重"学历"，这是有理由的。不能说拥有高学历就一定是高水平的人才，但普遍而言，正规的学历教育对人的综合素质是有积极影响的。就从中国目前的教师教育制度来看，中小学教师可以通过报考"教育硕士"来提高自己的专业发展水平。

下面提供三份案例：一是"洋思现象"；二是"我的阅读史"，这是从干国祥老师的"一个人的教育史"中节选的一篇文章；三是关于"教育硕士"的解释。

我推荐的第一个有关"教师学习"的案例是"洋思现象"：①

江苏泰兴市洋思中学在基础教育中大胆创新，推出"先学后教，当堂训练"的教学新模式。

随着学校声名鹊起，省内外的参观学习者纷至沓来，

---

① 佚名：《关于"乡村教育家"蔡林森》（2006-7-17）［2006-7-17］http：//blog. cersp. com/18893/606748. aspx.

最初一两年就达两三万人。然而，无偿提供资料、录像带等，使洋思中学的接待负担日益加重。1996年，他们经过研究，决定一改无偿提供参观学习的做法，开始对每位前来考察学习的人收费10元，发一张"考察参观证"，凭证听课、听报告、听介绍，并提供一本《洋思经验》的书。至于录像带和其他教改资料，参观者如需要，需另行付费。参观者在校吃饭，也得自己掏钱。此举在当时引起不小的反响。有人说，这样做会影响学校的声誉。也有人认为，洋思中学的教学经验也是一种知识产权，收费是为了尊重该校教师的创造性劳动。

事实上，收费并没有吓退参观学习者。1996年起，每年到洋思中学的来访者以20％左右的速度递增，到上学期结束已突破20万人次。虽然洋思中学后来又将参观费用提高到每人15元，但参观者普遍感到这钱花得值，有的甚至多次前来取经。

洋思中学靠"卖经验"，5年收入200万元。这在中国教育史上还是第一例。人们称之为"洋思现象"。

洋思中学的教学经验可以归结为"先学后教，当堂训练"。具体做法是：①

课堂教学的全过程都是让学生自主学习。不仅"先学"、"当堂训练"这两个环节，是让学生自主学习，而且

---

①　佚名：《先学后教　当堂训练》（2006-7-17）［2006-7-17］http：//blog. cer-sp. com/18893/606751. aspx. 从这些解释来看，"洋思经验"所强调的"先学后教，当堂训练"比较接近湖北黎世法先生倡导的"异步教学法"。二者之间究竟有什么联系，这里不详细展开。

"后教"这个环节，也是让学生自主学习，因为，"后教"是会的学生教不会的学生，教师只作评定。每一步都离不开教师的引导。

1. "先学"之前教师要讲一两句，准确、明确地提示课堂教学的目标，还要指导学生自学，使学生明确自学的方法、目标、要求，让学生很快地通过引桥，上了自学的快车道。在"先学"过程中，教师要鼓励、促进学生高效地完成好自学任务，可及时表扬速度快、效果好，特别是能创造性地学习的学生；可给"走错"或"迷路"的学生说几句悄悄话，给他们"指南针"。但教师的讲话不宜多，以免分散学生自学的注意力。教师应通过行间巡视、质疑问难、个别询问、板演、提问、讨论等形式进行调查，最大限度地暴露学生自学中的疑难问题，并认真分析是倾向性还是个别问题，是旧知识还是新知识方面的问题，对主要的倾向性新问题进行梳理、归类，为"后教"作好准备。这实际上是教师在修改课前的教案，或者是"第二次备课"。

2. 在"后教"这个环节，教师要做到三个明确：第一，明确教的内容。教的内容应该是学生自学后还不能掌握的地方，即自学中暴露出来的主要的倾向性的疑难问题，对学生通过自学已掌握的，一律不教。第二，明确教的方式。应该是兵教兵，会的学生教不会的，教师只评定对不对，完整不完整，对"不对"的，教师要帮助更正，对"不完整"的，教师要帮助补充。第三，明确教的要求。要不折不扣达到大纲规定的要求，不能就题讲题，只

找出答案，而要寻找出规律，真正让学生知其所以然，还要提醒学生预防有可能出现的毛病，这样就从理论到实践架起一座桥梁，以免学生走弯路。

3. "当堂训练"中教师要保证训练的时间在 20 分钟左右，不得少于 15 分钟，让学生能在实践中，把刚刚学到的知识转化为能力；训练的内容重在应用刚学到的知识解决实际问题，创造性地"做"，不搞死记硬背；训练的形式像竞赛、像考试那样，让学生独立地、快节奏地完成，教师不做辅导，学生不得抄袭。这样的课堂作业犹如"实弹演习"，好比战场上的高强度的综合训练，它是全面提高学生素质（如拓宽知识，发展学生的思维，磨炼学生的意志，增强竞争意识、独立意识，培养雷厉风行的作风、严谨的态度等等），减轻学生课外过重负担必不可少的。它能够检测课堂教学的效果，及时反馈准确的信息，便于教师课外有针对性地辅导，布置课外阅读、预习等少量的延伸、拓宽性的作业，让学生进一步灵活运用，举一反三。

我推荐的第二个有关"教师学习"的案例是干国祥老师的"我的阅读史"。干国祥老师谈论了他的阅读给自己带来了什么。这篇文章在很多地方流传：[①]

一直到工作的第六个年头，我仍然被认为是一个不负责任的教师，因为我基本上不写教案，不出试卷和批试卷

---

① 题目为编者所加，原标题是"突围——一个人的教育史"，参见干国祥著：《破译教育的密码》，长春出版社 2005 年版。

（除了统一组织的考试之外），也极少批改作业。有关考试的各种率的计算一直摇摇晃晃，"一不小心"就会落到最后。许多年后我在思考教师与教育行为的关系时曾说："每个教师都像上帝一样，在以自己为原型捏着泥人。"当时，我确实也不过是以自己为原型在"教书"。作为一名在学校里基本不交作业、平时靠小聪明混过考试关的学生，我对考试是既不感兴趣也并不害怕的，甚至有点轻视它。这一特殊的经历保留了我自由的天性和创造力；然而躲避了枯燥的高中和大学学习，同时也就意味着错失了系统知识的建构和学术研究的基本训练。知识结构单薄，缺乏足够的学养，对学术研究的框架和术语容易产生恐惧，对最新动态的学术和整个思想界缺乏了解……这些沉重的硬伤伤及筋脉，触及骨骼，使我在今天面对"那一代"与"这一代"的争论时，只能生出"中间物"的自怨自艾，却既无力承担"那一代"的衣钵，也不敢成为"这一代"的先锋。

……

我在 27 岁时人生有了一个小小的转折，当时仅仅是偶然的一小步。那一年我生了一场病，病中学生对我和我的课堂的怀念，让我意识到自己的"逍遥"是对学生极不负责的表现。于是我提前出院回到学校，投身于刚刚发现乐趣与责任的教育。我担任毕业班的语文老师兼班主任，并筹划建立了若干文学社团，而我的学生也开始在各类比赛中打破沉寂……然而当我开始行动的时候，却发现自己确确实实站在旷野上，我急于要寻找导师来帮我解决眼前

的各种困难。就这样，原先扔在书柜角落里的"魏书生"被我每天放在案头，即使在了解全书的思想甚至细节之后，我仍然会不时地翻阅，用魏书生的思想和策略对自己的教育行为进行监督与纠偏——如果是魏老师面对这事，他会怎么说怎么做？这是那些年我经常诘问自己的一个问题。今天，当我和我的朋友们对"那一代"展开批评的时候，我个人的感情是颇为复杂的，因为我不仅仅是从魏书生们那儿汲取了营养长大起来的，而且我自己唯一的成功也可以说是建立在"技术主义"、"公开课"和"应试主义"上的，除此以外我别无所有，对魏书生的反对也就是对自己历史的一次反叛。魏书生们不仅仅制造了自己的神话，在他们的神话里，也有着无数个像我这样的教师的成长。

在短短的几年里，我一跃成为学校中最受学生欢迎、家长信任甚至校长器重的骨干教师。班级整齐的风貌、学生深深的依赖、各方面显赫的成绩，所有这些让我在一段时间之内颇感自豪。这里不得不提到，正是利用知识树及相关的教学方法，使我在没有增加时间的前提下使学生的应试成绩有了明显提高。那一届学生毕业后的新学期第一个星期天，有三十几位学生不约而同来看望我，然而正是那一天，和随后陆续收到的书信，让我的内心经历了一场痛苦的风暴——我的"三率"极高的学生在进入高中同城区学生一道学习之后，带给我这样的消息：城里的同学能说会写，思路活跃，语文水平太高了！他们讲的某些书、某些人，我们根本没听说过。他们进高中的第一篇作文，

是《我难忘的老师》，而他们的笔，几乎没有例外地指向了我，但是这些文章放在其他优秀的文章中……

肯定有什么地方出错了！也许是我读错了魏书生，导致了这一切。我相信他的书里不仅仅含有应试的策略，同时也应该有提高学生语文素养的思想。为了找到答案，我开始向外寻找，钱梦龙，于漪，宁鸿彬，陈仲樑，林炜彤……我寻找一切视野内的特级教师的课例和著作。后来又接触到叶圣陶、吕叔湘和张志公对语文的论述，试图在其中找到"教育是什么"和"语文是什么"的正确解答。当时正是模式盛行的时候，借助着杂志中的一些文章，我开始涉猎外国的一些教育理论。那些在当时殊不可解的结构主义、控制论、信息论等西方现代理论开始一点点地切开我的皮肤，进入我的思想。这里最最重要的是苏霍姆林斯基的《给教师的建议》。对苏氏的阅读让我体验到空前的愉悦，然而同时也给我带来毁灭性的冲击，因为就是在那一刻，我觉察到"中国并没有真正的教育"，觉察到了先前所阅读的中国大师们存在着先天性的致命伤，没有任何一个中国教育家能够与苏氏相提并论，也没有任何一所中国的中学可以和帕夫雷什中学相比。我站在中国教育的废墟上，窥见漂亮装饰下的空虚与单薄，然而先天知识结构的不足加上后天阅读上的营养不良，使我根本无力来对当前的中国教育作彻底的解构和宏大的建构——甚至仅仅是批判。我只是近乎本能地开始对"知识树"、"课堂教学目标"、"课堂的控制"等等模式说"不"。

　　这是我提交的第二个案例。接下来第三个案例——"关于教育硕士"。这个案例我觉得很重要。它告诉老师们：除了"拜师"、"阅读"之外，还应该有"研修"。现在有一个重要的"研修"制度，叫"教育硕士制度"。我觉得这个制度很有意义。"教育硕士制度"现在出现了一些问题，但是，这个制度本身是有意义的。

　　教育硕士跟一般的硕士有什么不一样呢？教育硕士是针对有工作经验的教师的学位，他可以不离开自己的学校，而利用寒暑假，也可能脱产一个学期或者一年。

　　现在看来，要让老师们读书很困难，因为老师们太忙了。整天在上课，备课，改作业，还要找学生谈话。有时候一个家长电话打过来，要赶快处理。老师们太忙了，读书的时间太少。"教育硕士制度"专门为教师准备了学习的时间和空间，让教师暂时离开自己的学校，进入一个可以恢复阅读生活的地方。

　　与教育硕士相对应，有一个很重要的专业，叫"教师教育学专业"。我们以前不关注这个专业，到目前为止，中国师范院校没有"教师教育学"这门课程。这是不正常的现象。我相信不久的将来，中国的师范大学很快就会有"教师教育学"这个专业。有人说：我们有这个专业嘛，叫"教育学"。但是，"教育学"跟"教师教育学"是不一样的。我讲的系列专题叫"教师成长"或"教师专业成长"，它的副标题就叫"教师教育学"。我的系列讲座的结构和内容显然和"教育学"不一样。"教师教育学"应该反映中小学教师的"实践智慧"，而不是在那里纠缠一些

无聊的概念。比如，什么叫"教育"？教育就是培养人的活动。这样的定义对中小学教师来说没有意义。教育学太追求学科体系，很少反映中小学教师的"实践智慧"。真正的教师教育学就要让中小学教师明白：我应该怎么上课？什么是一堂好课？怎样做一个好的老师？我怎么通过做研究的方式来提升我的专业？什么老师是好老师呢？中小学有那么多好老师，我们需要把那些好老师的魅力聚拢起来。什么是一堂好课呢？我们需要考虑中小学老师在课堂上积累了多少"实践智慧"。这才是真正的"教师教育学"。

教育硕士制度，实际上是为中小学教师提供类似"教师教育学"的课程，让中小学老师通过这个制度获得真实的"实践智慧"和"专业支持"。

教师究竟要如何获得"实践智慧"和"专业支持"呢？我作一个小结：

第一，拜师。或者叫作"结对子"、"师傅带徒弟"。还有一种拜师就是到别的学校去，看别的老师怎么上课，那叫"参师"。一个老师到洋思中学去，到衡水中学去，到杜郎口中学去，他就可以看看别的老师在做什么。那就是"参师"。

第二，阅读。一定要阅读，老师们。我们要有阅读的生活方式。如果一个老师不阅读，这个老师基本上就不可能有太多的思考，因为他根本不知道别人在干什么。你可以去看看别人在干什么，但是你看到的毕竟有限，最好的办法是阅读。读了窦桂梅老师的书、干国祥老师的书、李

镇西老师的书、魏书生老师的书，你就会知道他们在干什么。阅读就是最好的朋友。一个朋友可能会背叛你，书本却永远不会背叛你。阅读是最好的旅游，是最好的出差，它是精神的出差、文化的出轨。

现在很多老师愿意旅游，就不愿意读书。我认为读书比旅游更重要，所以我长这么大，很少旅游。我希望等到我老了之后再去旅游。旅游是什么意思呢？旅游就是一个人孤独地与自然对话。人多了怎么能叫旅游呢？那叫游行。我对旅游的第二个解释是：回归自然。人是从自然里面来的，总有一天要回到那里去。我相信总有一天我会旅游的。等到我知道我快要离开这个地方，要走到另一个地方去了，就去旅游。在这个意义上，旅游就是"提前考察地形"。

我现在推崇的旅游方式是"读书"。读一本书，就是展开一场旅游。我拿起魏书生的书，魏书生就立刻来到我的身边。我希望老师们读《论语》，实在没有时间，你至少可以读《论语》的前三句。若读了前三句，以后说起来，我也算是读过《论语》的人了。

你知道《论语》的前三句是什么吗？学而时习之，不亦说乎；有朋自远方来，不亦乐乎；人不知而不愠，不亦君子乎。

这三句什么意思呢？

第一句话，"学而时习之，不亦说乎"："学"就是"阅读"。在那个年代，"学"就是"阅读"的意思。什么是学而时"习"之？就是说，你要去读书，并形成某种习

性、习惯。这才叫学而时"习"之。"习"不一定是"复习"的意思，它是说：一定要变成习惯。为什么有些老师读了那么多书，越读越笨，他的课上得越来越糟呢？是因为他读了书之后，没有变成习惯。没有变成生活的信念和生活习性。既学了，又变成习惯了，你才能够很开心。

第二句话，有朋自远方来，大概是说，如果你拿去一本书，这本书的作者，无论他离你多么遥远，他都来到你的身边，与你展开一场谈话。它是第一句话的延续。你说，不是这样解释的，正确的解释是：不仅要读书，还要有朋友。当然，你可以那样解释。我认为我的解释更有意义。你看，他凭什么第一句说"读书"，然后又跳到"朋友"那里去了呢？我们可以想象，孔子就是说：你读书的时候，作者就从远方来到你的身边。作者是你最好的朋友。书是最好的朋友，你无论在哪里，它都第一时间赶到现场。我要是喜欢哪一本书，我就把这本书放在我的床边，抱着它睡觉。你说，太怪了，怎么能这样做事呢。

我认为喜欢一个东西，最好就抱着它。我读博士的时候，有一个叫贾纯良的同学。他跟我住一个寝室。他乒乓球水平并不怎么样，当然也还可以。他每天上床睡觉之前，一定要干一件事情：

首先，用一块很干净的、很高档的抹布，把这个乒乓球拍清洗一下，只清洗胶皮。他说，不要洗这个球拍的木板，不然就洗坏了，那里是不能沾水的。之后把它放到一个桌子上面，靠着墙，竖立在那里。大概一刻钟左右，就干了。然后呢，他再把拍子拿到床上去。他睡在上铺。我

们读博士的时候，下面是桌子，上面是睡觉的地方。他睡觉的时候必须把拍子拿到床上去。他翻身上床的时候，一只手拿着拍子，另外一只手抓着床，攀越上去。拍子拿到床上之后，他把板翻过来，敲几下，听一听，然后再摸一摸胶皮，闻一闻胶皮的味道。接下来，就抱着这个拍子睡觉。他要是不这样，他睡不着的。

半年之后，华东师范大学的研究生乒乓球竞赛。这位贾老师，贾纯良同学，就得了第一名。

各位，你以后想做最优秀的教师吗？你如果拿起一本书来，抱着它睡觉。慢慢地，你就有感觉了。

这就是我所理解的孔子的暗示。如果你做到了学而时习之，就会找到有朋自远方来的感觉，这种读书的感觉很好。除了读书和朋友之外，孔子还说了第三句话，第三句话叫作"人不知而不愠，不亦君子乎"。就是说，你读了那么多书，你不要觉得你很厉害，总要卖弄，总希望得到别人的理解。当别人不了解的时候，你就很生气很郁闷，总是觉得怀才不遇，到处抱怨。

孔子认为，这是最糟糕的人。只要你有才华，你根本不用担心。总有一天，别人会知道：啊，那个人很牛，很厉害，很优秀。因此，不要抱怨。

除了拜师和阅读之外，我在前面提出的第三个建议是"进修"。拜师、阅读和进修，一起构成了我所理解的"教师学习"。各位，一定要学习。我们总感觉自己很忙，没有时间学习。其实，学习是一种习惯，与忙没有直接的关系。我看《康熙大帝》那个电视剧的时候，我就感觉康熙

有一点做得不错。他那么忙，无论走哪个地方，他都会把书放到车上，放到马车上，让书本跟他一起走。在外面带兵打仗，他都在帐篷里面读书，一直在学习。毛泽东也是喜欢学习的，不断在阅读，无论走到哪个地方，他都在读书。他有个习惯：如果到某个地方，他一定要看那些介绍当地的书。他读了很多书，最喜欢读的书是《资治通鉴》。还有一个比毛泽东更喜欢学习的，就是刘少奇。因为毛泽东自己说：三天不学习，赶不上刘少奇。

可惜，现在老师们很少学习。老师一直在建议学生学习，可是忘记了：教师自己也要学习。老师们对学生说："同学们；要读书啊，读书很重要。"这话说给谁听的？我们老师们自己都不相信。

真正能够带着学生读书的，是那些自己有阅读习惯的教师。更重要的是，只有那些有阅读习惯有学习习惯的教师，才有可能改变自己的行动，才有可能进入行动研究的状态。"教师阅读"导致"教师行动"。

老师一直在建议学生学习，可是忘记了：教师自己也要学习。

教师行动

接下来我们讨论教师行动。

只要教师有阅读和思考的习惯，他就会发现自己行动中的问题，并引起行动的改变。教师改变自己的行动，就是"行动研究"。

到底怎样做行动研究？我提出三个要点。

第一点，从校本课程开发。开发校本课程首先是创造

性地实施国家课程，对国家课程有所改变，这就是校本课程开发。如果教师对国家课程有了很多改变，发现原有的时间不够用了，可以向学校申请开发一门相关的课程，就形成狭义的校本课程开发。

广义的校本课程开发就是我们前面所讲的：教师得到任何一个课本，不断地补充、更新，增加很多相关的资料，甚至使整个课本完全变样。这种对教材的补充、增加、更新，就是校本课程开发。

狭义的校本课程开发就是在国家课程之外开发专门的课程，比如你是教语文的，你说：我现在有很多材料，学生的时间又不够用，建议每个星期安排一到两节课，让我给学生们提供专门的训练，叫作"现代散文阅读"，或者"余秋雨散文研究"、"王小波散文研究"、"现当代文学研究"，等等。

第二点，除了校本课程开发之外，还有一种研究可以叫行动研究，就是"校本教学研究'。什么叫校本教学研究呢？大体可以理解为，用行动研究的方法研究教学问题，这就叫校本教学研究。所谓"校本教学研究"，就是"教学研究"嘛，就是研究教学问题。用校本行动研究的方式来研究教学问题，这就叫校本教学研究。

第三点，校本管理研究。什么叫校本管理研究呢？我在前面讲过教师要有管理智慧，我是说：每个老师都是班主任，每一个学科老师，都要做类似班主任的事情。任何一个教师都要跟学生交往，都要管理班级里面的一些事情。校本管理研究，就是研究学校管理的问题。教师用行动研究的方法来

研究学校管理的问题，就叫作"校本管理研究"。

关于"教师行动"，我推荐几个案例。

第一个案例是"和学生一起写日记"。这是一个校本课程开发的案例。这是广东乐昌小学邓倩倩老师提供的案例。这个邓老师有一个习惯：她有阅读和写作的习惯。一个乡村小学的女老师，她一直在阅读和写作。她经常到书店里面去寻找，看看有哪一本书适合孩子们读，有哪一本书适合自己阅读，她就跟她的学生一起读书。后来，她给孩子们开了一门课程——"和学生一起写日记"。

各位，你知道怎么写日记吗？很多老师都知道怎么写日记，可是，你知道写日记时，怎样才能让自己有话说吗？

问题在于，如果你不阅读，就很难说话，这就是写日记的困难，也是写日记的秘密。邓老师就跟学生一起阅读，然后一起写日记。

跟学生一起写日记有很多好处。

第一点，促进学生作文水平的提升。

第二点，教师自己写，实际上也是一种教学反思，比如，今天发生了什么事，我怎么改进。

第三点，让学生反思自己的学习。学生在日记里面讨论自己今天做了什么事，或者反思自己今天不应该做什么，明天应该做什么。

第四点，增进教师和学生之间的交流。老师知道学生怎么想的，学生也知道老师怎么想的，相互之间有一种心灵的交流。我们现在的学生不懂老师，老师也不懂学生。

现在，我已经把"和学生一起写日记"这个案例放到了网上。由邓老师提供文本，我专门作了整理。她把原件的复印件邮寄给我，我自己把它输入电脑。

老实说，邓老师写的日记的水平比较一般，邓老师的学生写的日记的水平也比较一般，没法跟现在的重点小学、重点中学的老师和学生们的写作水平相比。但是，你看她的写作的过程，她有一个提升的过程，这就很不容易。这是一个老师亲自寻找资源，亲自开发一门校本课程的故事。

开发校本课程的做法有很多，我推荐的第二个案例是《斑羚飞渡》。

在前面我提到过一个老师，叫干国祥。现在我们来看看他怎样讲《斑羚飞渡》。

这是《读者》上面的一篇文章。我觉得太好了，我曾经复印给很多人看过。我为什么要给他们看呢？我就想更正人们一个观念：我们有些人总觉得人是有理性的动物，人是高级动物。我要这些人看看：到底是人高级，还是动物高级？我们人类是比较高级的，但是，人类的情感常常掺杂了很多杂念。那些谈恋爱的人跟动物相比就不太纯净。你看动物是怎么选择伴侣的？动物的恋爱方式是：只要它长得漂亮，只要它声音很好听，我就跟他一辈子。动物谈恋爱是很浪漫的。你知道吗？只要它身体好，我就喜欢。动物的感情很纯洁。人们骂人的时候总是说"你这个畜生"。人们知道畜生是怎么骂畜生的吗？畜生说："你这个畜生，简直像人一样坏！"我们人类总是故意把人类抬

人们知道畜生是怎么骂畜生的吗？畜生说："你这个畜生，简直像人一样坏！"

高，而贬低动物。你去看《斑羚飞渡》这篇文章，你就会被感动。

让我们来看看《斑羚飞渡》这篇文章到底说了什么：

一群猎人在后面追赶一群斑羚，斑羚不断地在奔跑。前面有一个悬崖，斑羚跑不过去了。怎么办？猎人眼看就要追上来。结果，那只领头羊，长啸一声。斑羚立刻分成两拨：一拨是年长的或者"男性"斑羚，一拨是年幼的或者"女性"的斑羚。你看，动物界也会"保护妇女儿童"。然后，斑羚简短地有一个交流。斑羚也有语言的。有人只相信人类是有语言的，其实，动物也有语言。动物的语言还很丰富。只是我们不理解而已。然后，令人震惊的一幕就出现了。在年长的或者"男性"的斑羚这边，有一只斑羚纵身跳入悬崖。在"雌性"的或者年幼的斑羚那边，就在"男性"斑羚跌入悬崖的那一刻，一只斑羚跳上去，借助这个背脊，跳到对岸。

这边"男性"的或者年长的斑羚不断地摔下去，粉身碎骨。那边的"妇女儿童"借助"男性"的背脊跳到对岸。最后，只剩下这个领头羊自己了。后面的猎人追过来，它仰天长啸，跳入悬崖。

有的人说，这篇文章不真实。要那么真实干什么呢？你怎么没想到你感动了没有？

我们有的人很奇怪。他看了那么令人感动的文章，竟然只是说："这个是假的。"我看它就是真的，我相信它就是真的。我看到过一个报道：土耳其某地的羊群忽然有一

天跳入悬崖，集体自杀。谁也不明白为什么它们要集体自杀。我估计它们可能觉得人类太可恨了，干脆自杀，不与他们为伍，跟他们在一起没意思。

这是这篇文章的内容。接下来，让我们看看，干国祥老师怎么教这篇课文的。

首先有一个课堂实录。由"两难伦理故事"引入。上课之前先讲一个故事：有个男人带着一家人包括他的母亲、妻子、儿子，去划船。不料，翻船了。全家落入水中。这家人中只有这个男人会游泳，而他的能力只能救一个人。那么，先救谁？

然后，对《斑羚飞渡》整篇课文进行解释，引导学生讨论。

第三个部分，从课文走向"互文"，由文本滋生话题。什么叫从课文走向互文？就是课文只是一篇文章，再提供几篇和它相关的文章，让学生一起来阅读、比较。相关的文章放在一起，学生就从这里面感受到一种话题，用互文的比较来生出一个话题，引起一个讨论。

这个案例很长。最后，这节课安排了学生讨论。这是一个课堂实录。可以视为一份比较好的"课例研究"。

怎么做"课例研究"呢？

首先，最好用课堂实录的方式把它录下来。怎么录呢？第一，用钢笔"录像"，即用钢笔把它写下来，或者用键盘录下来，把它输入电脑里面去。这是第一种录像。第二，我们可以借助录像机、摄像机进行录像。这些都可以叫作课堂实录。

　　课堂实录之后，"课例研究"最好还要做一件事情：针对这堂课本身有一个讨论，有一个评价。

　　所以，我推荐的第二个案例，叫"评干国祥老师的《斑羚飞渡》"。这是《人民教育》发表出来的。

　　《人民教育》2004年第13—14期合刊推出了一组新课程优秀课例，青年教师干国祥执教的《斑羚飞渡》入选其中。拜读了这篇课例，笔者不能不为干老师丰富的学识、深刻的思考、独到的设计而深感钦佩。但钦佩之余，又不能不为这堂课中存在的缺陷感到遗憾。

　　……

　　这是杨先武老师写的一篇文章，也发表在这个地方。杨先武老师写的文章叫作"脱离文本的'解读'，缺少对话的生成——评干国祥老师的《斑羚飞渡》"。他的这个评价基本上是批判性的：你的解读都脱离了文本，你的互文那么多，要那么多干什么，你怎么不针对课文本身呢？杨老师说，那是"缺少对话的生成"。这个评价可能是有道理的。因为干国祥老师在这节课里面不断地在对话、引导，其实他早就有答案了。他就是要引导学生落入自己的这个圈套。什么叫讨论？什么叫对话？如果老师早就有一个谜底了，让学生猜，学生猜半天又猜不出来，怎么办呢？老师就只好告诉学生。其实，不需要让学生猜的不要让他猜。如果需要学生猜想，你就要尊重学生的答案。因此，杨先武老师的批评可能有一点点道理。后来，干国祥老师有一个辩护，这里我们就不具体说了。

接下来，我们建议老师们看看第三篇文章，叫作"讲课人最聪明　评课人最愚蠢"。这是深圳教研员程少堂老师写的。这篇文章的观点我不赞成。但是，有一点我是赞成的，就是程老师把一个问题提出来了：我们评课人要记住，要尊重讲课人的智慧和讲课人的情感，不要乱评课，不要滥用了评课人的权力。

我看了程少堂老师的这篇文章后感到心惊肉跳，因为我也曾经那样评过课。按照程老师的标准，像我们这种人，都是要挨骂的，都是"最愚蠢的人"。

毛泽东曾有过一句著名的口号——"卑贱者最聪明，高贵者最愚蠢"。笔者在深圳市中学语文教师和教研员会上也仿此讲过一句颇得罪人的"名言"，那就是："讲课人最聪明，评课人最愚蠢。"

需要说明的是：我绝对没有笼统否定所有的评课的意思。我的话是有针对性的，是有感而发的。

由于工作关系，本人在学校和其他场合，听了很多课，自然也听了很多评课。评课的有赫赫有名的名家，也有教研员、一线的特级教师和一般教师。从这许许多多的评课中，笔者学到了不少东西，受到不少启发，长了不少见识。不过，笔者也发现，有些评课实在让人不敢恭维。君不见，自新课程实施以来，有的评课人，以一副"天下真理尽在吾手"的气概，以"华夏大地只有我一人对新课标新理念理解得最正确、最深刻"的架势，经常性地把一线教师精心打造的课堂教学，评得一无是处、一钱不值。这种评课人的"做派"当然令人反感，其思维方式尤其让

人反感。其思维方式简单说来就是：不讲唯物主义。主要表现如下：

1. 评课不是从实际出发，而是从理念出发；不是从效果出发，而是从原则出发。……

2. 不是实事求是，而是夸大其词。主要表现有二：（1）有些评课人认为，凡"新"理念就是正确的科学的，"旧"理念则是不正确不科学的。而新课程的所谓新理念是绝对"新"的，因此就是绝对正确绝对科学的；旧理念是绝对"旧"的，因此是绝对不正确不科学的。比如我就从不同的评课场合听到过不同的评课人兜售同一种观点——"要用新课程的新理念取代一切旧理念，要把一切旧理念赶出教学舞台"。这种评课人评课的首要程序，是给教师的理念定性，如果被定性为"理念新"，那就一定是好课，而且好得天花乱坠；如果被定性为"理念旧"，那就一定是不好的课，而且不好得不得了。

程老师的批评可能有些偏激，但是我认为这是对评课人的一个很重要的提醒。我认为这种提醒是有意义的。所以，我把它提交出来。

让我们记住，评课的时候，一定不要让别人难受。按照这个思路，我推荐了这篇文章——《讲课人最聪明　评课人最愚蠢》。这对每一个评课的人来说，都是一个重要的提醒。

关于行动研究，我建议老师们记住几点：

第一点，它是教师自己的研究，而不是哪一个专家说了算。这就是行动研究的第一个要点。大学的、研究机构

的专家可以帮助教师做研究，但不能由校外的专家说了算，不能够完全听专家的。如果有专家说，现在有一个国家级的课题，我们到你这来做个实验，我们一起来做行动研究。这不叫行动研究。真正的行动研究一定是老师自己的课题，是老师自己在课堂里面发现的问题。这就是行动研究最基本的一条标准。

　　第二点，你所研究的这个问题必须能够改进你的工作实践。如果说第一个标准叫作教师"参与"的话，那么，第二个标准就叫作"改进"实践。你要不断地问自己，你作的研究是否改进了自己的实践。行动研究一定要能够改善课堂，这是第二个标准。

　　第三点，你必须比较周全地考虑怎么解决这个问题。就是说，你要有一点点"系统"的思考。你不能随意解决问题。你不能拍拍脑袋，说："啊，我就这样解决吧。"拍脑袋解决问题不叫行动研究，那叫"经验总结"。行动研究和经验总结有什么区别？经验总结是凭经验解决问题，行动研究一定要有所阅读、有所请教。你必须向他人请教，你可以跟他人商谈，可以读一些相关的书。我们为什么在行动研究之前要谈论"教师学习"呢？"教师学习"是行动研究的一个重要前提。你如果不学习，你就没法知道："我解决这个问题时，除了用这个办法之外，还可以用哪些办法？"行动研究一定要超越经验，否则就不叫研究。

> 行动研究一定要超越经验，否则就不叫研究。

　　第四点，叫作"发表"，或者叫公开。你一定要讲述你的研究故事：你遇到了什么问题？你是怎么解决这个问题的？你在解决这个问题的时候参考了哪些人的观点？这

个问题如果没有彻底解决，你又是如何重新设计和研究的？问题到底出在哪里？这就是行动研究报告。

我们可以用四个词语来解释行动研究的特点：第一，参与；第二，改进；第三，系统；第四，公开。教师参与，改进实践，系统思考，公开发表，这就是行动研究的四个关键要素。在这四个要素中，"公开"非常重要。如果你不把你做的事情公开，就只能叫私人琢磨，不能叫公开的行动研究。公开太重要了。

教师发表

我们接下来讨论"教师发表"问题。教师一定要发表自己的研究过程和研究结果。可以选择的发表平台是教师博客：教师在自己的博客里发表自己的研究成果。

为什么要在博客里面发表？难道在《北京教育》、《人民教育》、《中国教育报》等杂志上发表研究报告不行吗？那当然行，那更好。问题是，《北京教育》、《人民教育》、《中国教育报》那些杂志不可能把所有的老师的研究都发表出来。教师博客为什么重要？我为什么建议老师们一定要有自己的博客？因为博客是一个自由的发表平台。第一，教师可以在博客里面记录自己读了什么书；第二，教师可以记录自己看到了什么事或听到了什么报告；第三，教师可以在博客里面记录自己做了什么事——我在行动研究中是怎么改变的。第一种叫读后感，第二种叫观后感，第三种叫做后感。也可以换一种说法：第一种叫作阅读日

志，或者叫阅读笔记；第二种叫观察笔记；第三种叫行动
研究笔记。

做博客是对阅读习惯、思考习惯和行动习惯的一种考
验。如果你长期不阅读，你在博客里将无话可说。老师一
旦做博客，这个老师的水平很快就会显露出来。有些老师
说：我很厉害，只是没有人发现我。现在不用担心别人没
有发现你，你去做博客，半年之内，就可以显露一个人的
才华。你在里面写什么"读后感"，你在里面写什么"观
后感"，你在里面写什么"做后感"，人家一看你的博客，
就知道你的水平。你读了什么，你看到了什么，你在日常
生活中有什么改变？你改变得怎么样？你这个老师有没有
专业水平？人们会根据你的博客作一个判断。

博客就有这个好处，能让别人知道你在想什么，你在
做什么。它让教师学习、教师行动有一个公开发表的平
台。只有公开自己的研究过程与研究结果之后，别人才可
能与你讨论。研究就一定要得到公开的讨论。经过了公开
的讨论，才叫研究。为什么只有"发表"了才叫研究？因
为，你发表之后才能够得到别的读者的公开的赞赏或者批
评。如果你不公开，你就没法得到别人的建议，没法引起
你的改善。

我举几个案例。

第一个案例："沈旎老师的读书笔记"。我曾经请沈旎老
师跟我们一起来讨论"教师成长"的讲稿，她提出过很多建
议。她自己在不断地读书，有阅读和思考的习惯。沈旎老师
阅读了《批判反思型教师ABC》之后，她写了读书笔记：

《批判反思型教师 ABC》仍在读。我不得不承认这本书对我的许多教学常识提出了质疑。它把这些常识背后的权力、矛盾、心机统统剥开给你看，让人看到其中暗藏着的危险。其实在读这本书之前，我并没有对它能帮助我们解决多少问题抱有什么希望，深知"世界的无聊以及希望的不可靠，深谙救赎的无望与渺茫"。

现在我仍这样认为，但它让我读出了自己不愿承认的现实或是不敢说的话：

我常常会隐藏自己在学习方面的无能和焦虑，害怕学生、同事看出我有学习的困难。

最好的学习者是那些学习一项技能时很自然地就能学会的人，但这些人常常成为最糟糕的教师。这是因为他们没有受到感觉上的任何挑战。他们不能想象人们通过怎样的努力去学习那些对他们来说自然就能学会的事情，因为他们总是那么成功，所以对他们来说不可能去强调学习者的焦虑。

所以，最好的教师可能是那些经过一段时间的挣扎和焦虑从而掌握了技能和知识、增长了智力的人们。因为他们知道感到害怕是怎样的，他们自己就曾常常恪信自己将永远学不会一些东西，这将有利于帮助学生渡过难关。

你看，真正的阅读并不是看了书之后马上就去做。真正的阅读往往引发一种冲突：她看了那些书之后，发现这本书跟自己的经验有冲突，引起不愉快的焦虑。然后，她有挣扎感，后来，开始改变自己的行动。读一本书，像遇

读一本书，像遇到一位朋友，真正的感情往往会经历挫折，甚至经历某种冲突。

到一位朋友，真正的感情往往会经历挫折，甚至经历某种冲突。有的朋友甚至还打过架，后来却成为莫逆之交。那里面有冲突。人在阅读时，有类似的效应。

我推荐第二个案例——《最动听的掌声》。这是我本人写的。那天我在深圳北师大南山附中听了一节课后，写出了这篇文章：

我在深圳（北师大附中南山分校的小学部，这是我第一次听说附中里面还有小学）听过一堂小学的校本课程的课。课的主题是"爱心"。老师先播放一段曲子——《爱的奉献》，然后让学生谈自己所经历的有关"爱心"的事件。

一个小孩站起来说："我妈妈每天给我做早餐。"

老师说："哦，你的妈妈很有爱心。"

另一个孩子说："我妈妈也给我做早餐。"

老师说："好，你妈妈也有爱心。"

一个小男孩站起来说："老师每天为我们批改作业，很辛苦。"

同桌插话："老师对我们很有爱心。"

老师说："老师爱所有的同学。"

这些孩子的经历和故事不能说不真实，但这些故事几乎不让人感动，孩子没有被感动，听课的人也没有被感动。

后来有一个小女孩站起来说："我昨天把我的面包给了校门口的乞丐。我起床晚了，从家里出来时，我妈妈给了我两个面包。我到了校门口，见到了那个乞丐，他天天

都在那里。他说'行行好，我已经两天没有吃东西了'，我想也没想就递给了他一个面包。他一个，我还剩下一个。我后来想他可能是骗我的，但我当时没那样想。我就给他了。"

老师问："你现在觉得他是骗你的吗？"

那个小女孩说："我不知道，可能是骗我了，也可能是真的。"

老师问："你后悔了吗？"

小女孩说："不后悔。"

小女孩讲完后，老师还想问什么，没词了，没再追问。教室里没人说话，陷入沉默。

短暂的沉默之后，教室里的学生们自发地响起了稀稀落落的掌声，这些稀稀落落的掌声相互感染，再汇聚成整齐的、欢快的、有震撼力的掌声。

在场的所有听课的老师也都为这个小女孩鼓掌。当时听课的外来者（行动研究称之为 outsiders）有我，还有深圳大学的李臣博士和香港中文大学的几个正在攻读教育学专业的博士生。

在那天听到的所有的课中，我听到的最美好的故事，是这个小女孩把面包递给乞丐的故事。

在我所听到的所有的小学课堂里的掌声中，我听到的最动听、最美妙的掌声，是那个小女孩的同学自发地送给她的稀稀落落渐至震撼的掌声。

我经常劝我的家人，不要给乞丐钱，不要同情那些人，他们是被人利用的。我从来不给乞丐钱，但是，我

本人还是为这个小女孩鼓掌。为什么？因为真实。我们坚信有些乞丐是被人利用的，没必要同情他们。但是，到了某一种情境，你本能地有一种给予，这就是"同情"。

我推荐第三个案例——《带学生到社区考察》。这是武汉徐莉老师写的一篇文章。行动研究的报告有很多，我觉得这是写得比较好的一份行动研究报告。

怎么写行动研究的报告？很简单。做了一件事情，再把它回忆出来：

想想真有些后怕，但我和孩子们总算离预想近了点儿。真不知道我是错了还是对了，值得还是不值得。

上学期在校园内做了一个学期的实践活动，深感到了一个平台期。外出实践一直是丢给家长的，原因很简单，出于安全的考虑——宁可让孩子们收获少一点，也不能令学生在课堂上出状况。有种迫切的需要，要么作家长的培训，要么亲自带学生外出一次。在内心作了一下权衡，决定选择后者。

外出活动，安全是大问题，我一直在问自己：一定要出去吗？

出去要是遇到问题了，怎么办呢？万一出现了安全问题，后果很严重的。

但是，徐老师后来还是冒着风险，跟孩子们约法三章，告诉他们应该注意什么事项，然后带孩子出去了。出去之后一路平安，可是回来的时候出了问题。有几个孩子

私自离队跑出去买雪糕吃。已经叮嘱了多少遍，不允许离队，但是还是有孩子离队了。

行动结束后，徐老师把整个事情叙述出来。我认为这是比较好的行动研究报告。

什么是好的行动研究报告？写好的行动研究报告就有一种"自传感"：就像写自传一样把它叙述出来。好的行动研究报告和好的经验总结报告类似，必须有自传感。

我所能讲的就是这么多，非常感谢！各位老师再见！

写好的行动研究报告就有一种"自传感"：就像写自传一样把它叙述出来。

后　记

　　这几年在全国各地作过一些教育讲座，讲座的主题往往与"教师专业成长"相关。在有些讲座的现场，我有时将这个主题直接转换为"什么老师是受学生欢迎的老师"、"教师的课程智慧"、"教师的教学智慧"、"教师的管理智慧"、"教师的人格魅力"、"促进教师成长的行动研究"，等等。

　　2006年，我参与教育部暑期"中小学教师新课程国家级远程培训项目"，担任"教师成长"课程的主讲教师。为了配合当时的远程培训，我编辑了相应的学习材料，后来汇集成《教师成长》书稿，于2006年9月由华东师范大学出版社出版。

　　可惜，由于时间仓促，当时来不及整理完整的演讲稿。《教师成长》书稿一半以上的内容脱离了我的讲演的脚本。《教师成长》出版之后，许多读者坚持认为"书稿

离录像太远"或"书稿不如讲稿"。

为了弥补这个遗憾，华东师范大学出版社建议根据当时的系列教育讲演重新整理书稿，尽可能保持讲演的内容和讲演的口语化风格。书名调整为"教师专业成长——刘良华教育讲演录"。

为此，叶蕙和李珍璐两位同学把我的讲演录像整理成初稿。为了保持讲演的原貌，我只在个别地方作了微调，尽可能保持讲演的思路、案例和口语特色。

感谢所有为本书的"讲稿"提供修改建议和批评意见的老师和朋友。

感谢北京大兴的教师们在拍摄现场对我的理解和支持。

感谢华东师范大学出版社吴法源和朱永通两位老师的鼓励和催促。

感谢幕后所有为我的系列讲演提供服务的人，尤其感谢拍摄录像、编辑录像的那些工作人员。

刘良华

2008 年 5 月 19 日于广州

图书在版编目（CIP）数据

教师专业成长：刘良华教育讲演录/刘良华著. —上海：华东师范
大学出版社，2008

ISBN 978-7-5617-6081-9

Ⅰ. 教...　Ⅱ. 刘...　Ⅲ. 师资培训－文集　Ⅳ. G451.2—53

中国版本图书馆 CIP 数据核字（2008）第 074004 号

大夏书系·教育讲演录

教师专业成长
——刘良华教育讲演录

著　　者　刘良华
策划编辑　朱永通
文字编辑　李永梅
装帧设计　回归线视觉传达
责任印制　殷艳红

出版发行　华东师范大学出版社
社　　址　上海市中山北路 3663 号　邮编 200062
电话总机　021 - 62450163 转各部门　行政传真 021 - 62572105
客服电话　021 - 62865537（兼传真）
邮购电话　021 - 62869887
门市地址　上海市中山北路 3663 号华东师范大学校内先锋路口
网　　址　www. ecnupress. com. cn

印 刷 者　北京密兴印刷有限公司
开　　本　700×1000　16 开
印　　张　11.75
插　　页　2
字　　数　118 千字
版　　次　2008 年 7 月第一版
印　　次　2022 年 7 月第十四次
印　　数　67 001 − 69 000
书　　号　ISBN 978-7-5617-6081-9/G·3529
定　　价　25.00 元

出 版 人　朱杰人

（如发现本版图书有印订质量问题，请寄回本社市场部调换或电话 021-62865537 联系）